La Cabrera - Casa de carnes
Gastón Riveira

1.° edición. 1.° reimpresión.

Avenida Donado 4694 C1430DTP
Buenos Aires, Argentina
Web: www.catapulta.net
Mail: info@catapulta.net

Edición: Vanessa Kroop
Textos: Pablo Torres
Diseño gráfico: Marion Kirch
Corrección: Gisela Miliani
Traducción: Sorrel Moseley-Williams y Allan Kelin
Fotografía: Gustavo Herrero, Joaquín Torres y Eduardo Torres para Torres Fotografía
Edición fotográfica: Joaquín Torres
Estilismo: Patricia Katz
Producción gastronómica: Leandro Bouzada
Asistente de producción gastronómica: Federico Heredia

ISBN 978-987-637-632-7

Impreso en China en enero de 2020.

> Riveira, Gastón
>   La cabrera : casa de carnes / Gastón Riveira. - 1a ed. 1a reimp. - Ciudad Autónoma de Buenos Aires : Catapulta , 2020.
>   238 p. ; 30 x 23 cm.
>
>   ISBN 978-987-637-632-7
>
>   1. Parrilla. 2. Carne. 3. Gastronomía. I. Título.
>   CDD 641.76

© 2017, Gastón Riveira
© 2017, Catapulta Children Entertainment S.A.

Fue realizado el depósito que determina la ley N.° 11.723.

Libro de edición argentina.

Todos los derechos reservados. Ninguna parte de este libro puede ser reproducida, almacenada en sistemas electrónicos recuperables, ni transmitido por ninguna forma o medio, electrónico, mecánico, incluyendo fotocopias, grabaciones, u otros, sin previa autorización por escrito del Editor. Las infracciones serán procesadas bajo las leyes 11.723 o 25.446.

Gastón Riveira

Fotografía de Eduardo Torres

LA CABRERA
casa de carnes

Catapulta

A mis amores: Carmela, Lola, Francisca y Ximena.

A los clientes de La Cabrera.

Mirarse a la cara en el espejo cada mañana, reconocerse y aceptarse. Darse cuenta de que a pesar de las arrugas, las canas u otros cambios físicos, mantenemos el mismo brillo en los ojos de la juventud, ese que nos acompaña desde hace tantos años.

No hay atajos: técnica, estudio, experiencia y dominio se adquieren con dedicación y perseverancia. Pero el brillo en los ojos no se compra ni se consigue, no se pide: te lo da la pasión. Y la pasión se tiene o no se tiene.

Ese entusiasmo lo experimentamos cuando éramos sólo un proyecto, cuando soñábamos con algo, cuando todo era un anhelo.

Conozco, quiero y admiro a Gastón desde hace unos veinticinco o más años. De la época en que nuestros ojos brillaban con las ganas de hacer.

Hoy, los deseos de Gastón se han hecho realidad. Se llaman La Cabrera. Y son el producto de la técnica, el dominio, la dedicación, la perseverancia y, sobre todo, de la pasión, de ese brillo que nunca se apagó.

Un restaurante no sólo funciona por brindar comida muy rica. Exige una atención esmerada, una decoración agradable y calidez en el ambiente. Además de un trabajo en equipo muy aceitado, infinitos detalles, profesionalismo, talentos. En resumen, trabajo, trabajo y más trabajo.

Este libro cuenta una historia de sueños, de pasiones, de esfuerzo y de brillo en los ojos. Merece ser leída.

Guillermo Calabrese

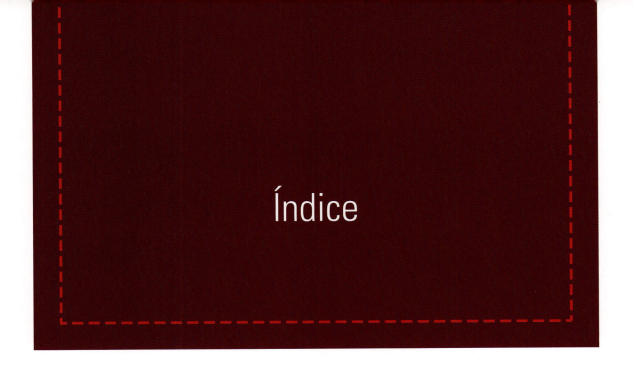

Índice

Prólogo — pág. 5

CASA DE CARNES

El secreto · Una parrilla distinta — pág. 11

Gastón Riveira · Pasión por la carne — pág. 65

Vaca viajera · La Cabrera en el mundo — pág. 83

RECETAS

Menú La Cabrera — pág. 95

- Entradas — pág. 97

- Principales — pág. 117

- Guarniciones — pág. 143

- Salsas — pág. 171

- Postres — pág. 183

Agradecimientos — pág. 205

CASA DE CARNES

El secreto
Una parrilla distinta

Mi nombre es Gastón Riveira, soy cocinero argentino y el fundador del restaurante La Cabrera, una parrilla que nació con la intención de expresar el corazón de la gastronomía argentina: la carne a las brasas.

A lo largo de este libro, contaré mi historia en primera persona, desde mis comienzos en la cocina hasta cómo pude concretar el objetivo del restaurante propio, ese sueño hecho realidad que es La Cabrera; y cómo con el tiempo y con mucho trabajo pasamos de ser una parrilla de barrio a tener restaurantes en distintos países del exterior, siempre con la idea de difundir la cocina de nuestro territorio.

Durante mi formación como cocinero en escuelas y restaurantes de Argentina y del mundo, me di cuenta de que quería cocinar aquello que nos distingue como argentinos.

A pesar de que nuestra gastronomía está influenciada por las cocinas de varios países (principalmente europeos), debido a las distintas corrientes inmigratorias que recibimos en los últimos siglos, la carne es, sin dudas, el producto que nos destaca. Y el asado, el ritual que mejor la simboliza.

El asado es parte de nuestra identidad como argentinos y, en Buenos Aires, pocas cosas nos representan más a los porteños que nuestras parrillas. Una parrilla porteña es un lugar de encuentro con la carne, pero también con amigos, compañeros de trabajo o familiares.

[EL SECRETO]

Cada una tiene su especialidad o ese parrillero con la fama suficiente para acercarse a conocerla. Y también su grupo de seguidores. En nuestra ciudad las hay para todos los gustos y bolsillos: los clásicos "carritos de la costanera", donde se puede comer un sándwich de bondiola o de chorizo al paso, y que existen desde los años setenta, mucho antes de que llegara la moda de los *food trucks*; también están las parrillas itinerantes, esas que se improvisan en una esquina y sobre una vereda cualquiera, que comienzan casi sin clientes y en pocos días están rodeadas por trabajadores (o como decimos en lunfardo, laburantes) de la zona; luego están las que permanecen abiertas veinticuatro horas y que son la salvación de aquellos taxistas a los que los sorprende el hambre en cualquier momento de su turno, o de los que trasnochan y buscan algo para alimentarse en la madrugada. Pero la lista continúa: las parrillas de barrio, las que son un poco más pretenciosas, las famosas con trayectoria, las de lujo... Todas ellas, cada una con su estilo, conforman las escena porteña de las brasas. Cuando decidí abrir La Cabrera, si algo tenía en la cabeza era la idea de darle un salto de calidad a la parrilla argentina. Pero también era consciente de que aquello implicaba un enorme desafío.

No nos fue fácil al comienzo, allá por 2002. Argentina comenzaba a dejar atrás una de las crisis más importantes de su historia y abrir un restaurante en ese contexto significaba un reto adicional. Muchas veces una propuesta novedosa necesita un tiempo para ganarse la confianza de la gente. Las primeras semanas fueron duras, con más mesas vacías de lo que hubiésemos deseado. Recuerdo que el restaurante de enfrente estaba repleto y yo no podía entender por qué el nuestro no. En esos momentos uno, como emprendedor gastronómico, elabora hipótesis varias, piensa alternativas, se pregunta qué puede estar

haciendo mal... Me acuerdo, por ejemplo, que un día se me ocurrió decirle a Ximena, mi mujer: "Es por las copas altas; la gente no entra porque las copas altas los asustan. Compremos copas más chicas". Estábamos con el cambio justo en la caja y ella tuvo que hacer malabares para conseguir toda la cristalería sin efectivo.

Por supuesto que no fue por eso que nos empezó a ir bien, pero ahora, visto a la distancia, lo contamos como una anécdota divertida de cuando uno ya no sabe qué hacer para atraer clientes. También recuerdo otra anécdota con Néstor, un amigo de la casa entrañable y que sigue siéndolo hasta el día de hoy, que a los dos meses de haber abierto el restaurante se sentó a una de nuestras mesas, llamó al camarero y le solicitó... ¡ñoquis! No los teníamos en la carta pero claro, ahí caí en la cuenta de que ¡era un día 29! Fecha en la que los argentinos por tradición comemos ñoquis. Entonces, cuando recibí la comanda, improvisé unos que por suerte a nuestro cliente le encantaron. Cosas del oficio...

Lo que tenía perfectamente claro era que quería transformar la típica parrilla porteña en algo singular, algo que se distinguiera por sobre el resto pero no sólo por la calidad de nuestro producto sino por brindarle a la gente una experiencia sensorial única e inolvidable. Para eso me propuse pensar como si fuera uno de mis clientes. ¿Qué me gustaría comer? ¿Cómo me gustaría comerlo? ¿Dónde me gustaría sentarme? ¿Cómo quisiera ser atendido? ¿Qué cosas quisiera ver en el ambiente?

Así fuimos armando el restaurante, y anclados en esa filosofía seguimos transformándolo, porque siempre hay algo que se puede cambiar. Hoy pienso que una de las cosas que hizo y hace exitosa a La Cabrera es que introdujo un nuevo concepto en parrilla. En realidad, me gusta más definirla como una casa de carnes.

La Cabrera, casa de carnes. | 13

[EL SECRETO]

Nuestras carnes

Estoy convencido de que para hacer una cocina de calidad hay que conocer de dónde proviene el producto que vamos a utilizar. Ese es el primer y mayor secreto. Un cocinero debe cocinar con aquello que lo rodea, interiorizarse con la historia de su gente, de su tierra y de sus materias primas.

¿Cuál es la historia de nuestra carne? ¿Cuáles son las mejores razas cárnicas? ¿Qué importancia tiene el tipo de alimentación que reciben nuestros animales? Pensé que comenzar a investigar sobre estos temas era el primer paso para hacer de La Cabrera una parrilla diferente. Me conecté con productores, me interesé por la cría de los animales y conocí las instalaciones de distintos frigoríficos. Todo este aprendizaje me permitió saber qué tipo de carne quería servir en el restaurante. Así elegí los cortes que me parecieron más apropiados para integrar el menú de una casa de carnes de alta calidad. La carne de La Cabrera está seleccionada especialmente y proviene de los mejores ejemplares de raza Angus, Hereford y Wagyu.

Comprendí que nuestra cultura está atravesada por la carne desde que a mediados del siglo XVI recibimos las primeras vacas descendientes de la raza ibérica que dieron origen a la raza criolla. Luego vinieron las mejores genéticas de las razas inglesas, fundamentalmente Angus, Shorton y Hereford, introducidas en el siglo XIX. Las formas de producción y conservación de la carne también fueron experimentando diversos cambios de acuerdo con el desarrollo

Angus

Esta raza vacuna es de origen escocés, más precisamente de las zonas de Aberdeenshire y de Angus. En Argentina se la conoce como Aberdeen Angus o simplemente Angus. Puede ser de color negro o colorado. Los primeros animales llegaron a nuestro país a finales del siglo XIX importados por el hacendado argentino Carlos Guerrero. Su cría se popularizó debido a la alta calidad de su carne, a su facilidad para el engorde y a su capacidad de adaptación a la región pampeana.

de distintas tecnologías. Así, del ganado cimarrón utilizado principalmente para sebo y cueros pasamos a la estancia productora de ganado de raza cárnica para abastecer el mercado local e internacional (principalmente a Inglaterra). Paralelamente, las técnicas de conservación fueron motivo de importantes transformaciones que van de las carnes saladas del siglo XVIII a las congeladas del siglo XIX y luego a las enfriadas y las maduradas en húmedo (*wet aged beef*) —en una bolsa plástica envasada al vacío por un corto período de tiempo (de cuatro a diez días) y dentro de una cámara con temperatura y humedad controladas— del siglo XX. La innovación técnica más saliente del siglo XXI consiste en el madurado en seco de la carne (*dry aged beef*), en cámaras frigoríficas con humedad y temperatura controladas. En nuestro caso, este proceso de maduración lo realizamos nosotros mismos en el restaurante, y lleva entre doce y quince días. En ese período de tiempo, el músculo del animal se distiende y se deshidrata, con lo que se logra un sabor más concentrado. Con esta técnica servimos nuestro bife angosto y nuestro chuletón (bife ancho con tapa y hueso), jugosos por dentro y dorados por fuera con todo el sabor que le aporta la presencia del hueso en ambos cortes. La calidad de la carne que servimos y nuestra propia técnica de maduración son nuestro primer y gran secreto.

Si bien desde el siglo XIX en adelante los argentinos fuimos disminuyendo nuestro consumo de carne, se nos reconoce entre los mayores consumidores per cápita del mundo. Para tener una referencia, en siglo XIX éramos los que más carne comíamos del planeta (entre 220/300 kilos por persona por año) mientras que en la década del cincuenta del siglo anterior consumíamos unos 90 kilos por persona por año y en la actualidad ingerimos cerca de 60 kilos de carne por persona por año, cifra que nos sitúa entre los primeros puestos junto a países como Uruguay, Brasil, Australia y Estados Unidos.

En consecuencia, nuestra manera de cocinar la carne se ha diversificado y complejizado. Ese, diría volviendo a nuestro restaurante, es nuestro segundo secreto: la forma en la que asamos. En La Cabrera utilizamos una mezcla de carbón y de leña combinando las calorías del primero con los aromas de la segunda. Me gusta experimentar continuamente, ir probando cosas diferentes. Una de ellas es la de asar con distintos tipos de leña. Lo más importante de cualquier leña es que esté bien estacionada y seca. Las más comunes de conseguir en Buenos Aires son: el espinillo (una leña muy recomendable que prende rápido y da una brasa estable); el quebracho colorado (una leña dura que tarda en hacerse brasa pero que es más duradera); el ñandubay (similar al espinillo en cuanto a la brasa que produce) y el quebracho blanco (no muy aconsejable para un asado ya que es una leña que da mucha llama y poca brasa, que además se consume rápido). Otro aspecto interesante que aporta la diversidad de leñas es el factor aromático. Si bien las ya mencionadas le dan ese gusto inconfundible con el que la carne da cuenta de que fue asada con leña, hay algunos tipos más difíciles de conseguir pero más aromáticas, como el sarmiento (ramas de la vid), el olivo

[EL SECRETO]

y el manzano, cuyo humo logra penetrar en los cortes aromatizándolos de un modo muy particular. También me agrada hacer una base de carbón y una vez bien dispuestas las brasas bajo la parrilla, arrojar algunas astillas que en contacto con las brasas se van consumiendo lentamente y se logra un humo que aromatiza la carne poco a poco.

Respecto del carbón, es aconsejable comprar el que se vende como carbón vegetal "selección" o "especial", que suele provenir de maderas duras y estar presentado en trozos grandes que producen una brasa duradera. Un carbón que haga demasiadas chispas a la hora del encendido es sinónimo de mala calidad.

La cantidad o intensidad de fuego varía según cada corte pero, como regla general, un nivel de fuego fuerte y constante ayuda a que las carnes se caramelicen, lo cual es muy importante para que se asen correctamente y que no se "hiervan" en la parrilla. Una técnica muy usada para saber si el nivel de fuego que se está utilizando es el correcto es la de acercar la palma de la mano a los hierros de la parrilla sin tocarlos y contar unos cuatro o cinco segundos durante los cuales se debe sentir un calor tal que obliga a retirar las manos. La distancia ideal entre parrilla y brasas es de quince centímetros.

Cuando la carne ya está lista es aconsejable dejarla reposar un instante fuera del fuego para equilibrar sus jugos. Así llegan a nuestras mesas los bifes y el centro del asado. Nuestros visitantes se sorprenden mucho cuando llega a su mesa ¡un bife de chorizo de ochocientos gramos... y en el punto justo!

Achuras

Lo que en España se denomina casquería. En Argentina, este surtido de vísceras asadas es la entrada por excelencia de una buena parrillada. Las más características son los chinchulines, las mollejas, el riñón, el hígado y la tripa gorda. Muchas recetas elaboradas con las achuras forman parte de nuestros platos más típicos, la mayoría de ellos legado de los inmigrantes que llegaron al país en los siglos XIX y XX.

[EL SECRETO]

Entre las características que nos distinguen a los argentinos del resto del mundo respecto del modo en que comemos la carne, está, por un lado, la forma en que se desposta la media res: casi que cada músculo del animal es un corte distinto (en otros países es frecuente que se venda una menor cantidad de cortes y que el resto se use para preparados como hamburguesas o albóndigas); y, por el otro, que en Argentina se comen todas las achuras, no se desaprovecha nada. En La Cabrera tampoco: mollejas de corazón crujientes, riñoncitos con manteca de provenzal y chinchulines de vaca y de cordero bien crocantes, entre otros, son manjares ideales para comer antes de la carne propiamente dicha.

Siempre consideré que una casa de carnes debe poder ofrecer distintos tipos de productos, no limitarse a una única variedad, como un modo de enriquecer la propuesta gastronómica y de satisfacer a diferentes tipos de "paladares". Por eso, a la carne tradicional de Angus, sumamos cortes de la raza japonesa Wagyu producida en Argentina, también conocida como carne Kobe. Su principal característica reside en la alta concentración de grasa intramuscular, que le otorga un marmolado único y un sabor muy especial. Nuestro ojo de bife o el cuadril de Wagyu es algo difícil de explicar, hay que probarlo. No es como habitualmente se dice de una carne tierna que "se deshace en la boca", el Kobe Beef se derrite en la boca.

En lo personal, La Cabrera es un espacio de creación donde me puedo expresar y buscar platos nuevos pero también es el lugar donde me doy el gusto de reversionar los platos

clásicos que tanto me apasionan. Por eso quise incluir en nuestro menú recetas con carne de pollo y de cerdo. En los últimos dos años el consumo en nuestro país de carne de cerdo (aproximadamente 15 kilos per cápita por año) y de pollo (45 kilos per cápita por año) fue creciendo intensamente al punto que si se suman los kilos per cápita consumidos en un año de ambas carnes prácticamente igualan el consumo de carne vacuna. Debido a esta tendencia de consumo y a su extraordinario sabor decidí hacer algunos platos que rompieran el molde del típico pollo a la parrilla o del sándwich de bondiola. Entre ellos el pollo con queso ahumado y tomates o el churrasquito de cerdo con panceta, platos riquísimos y muy elegidos por nuestros clientes.

En los comienzos de La Cabrera se vivía el furor del salad bar. Nunca me gustó esa idea de tener que levantarse de la mesa cada vez que uno quiere una ensalada o algún acompañamiento dejando que la carne se enfríe. Fue así que, más allá de las ensaladas variadas y originales surgió la idea de servir guarniciones especiales en cazuelitas que tuvieran los colores de la naturaleza: el verde de los pastos, los cálidos del sol, los oscuros de la tierra. Quisimos ofrecerle a la gente algo más que la ensalada mixta (de tomate, lechuga y cebolla) o las papas fritas, abrirle la posibilidad de jugar con nuevas combinaciones. Fue así como el puré de calabaza con pasas, los ajos confitados, el pastel de morcilla, los choclos baby, el puré de papas con mostaza en grano, los tomates confitados con olivas negras, entre tantas otras guarniciones que se han sucedido

[EL SECRETO]

a través de los años, se convirtieron en un sello de la casa, acompañando a nuestras carnes en cada mesa del salón. Las cazuelitas ya son todo un símbolo de La Cabrera y un secreto diseminado por todo el mundo.

Nuestra cultura de cantinas y bodegones que tanto quiero y respeto, y que está muy vinculada a la inmigración italiana que llegó en el siglo XIX y a principios del XX, me convenció de que debía ofrecer pastas. Es cierto que La Cabrera es una casa de carnes pero indudablemente tiene ese espíritu de cantina que tanto me recuerda a mi familia y a la pasta hecha a mano. Por eso no son pocos los que optan por los fusilli caseros o por los ravioles de mozzarella y jamón.

Una de nuestras consignas es que nunca debe verse el "fondo" de la mesa o zonas vacías. ¡Debe estar siempre poblada de carnes, ensaladas y cazuelitas!

En Argentina es difícil pensar la carne sin el vino. Y lo cierto es que quienes nos visitan vienen en su mayoría en busca del malbec, que es nuestro ícono vitivinícola nacional. Fue allá por 1862 cuando Domingo Faustino Sarmiento, entonces gobernador de la provincia de San Juan, le encargó al ingeniero agrónomo francés Michel Pouget que introdujera cepas de vides francesas con el fin de potenciar el desarrollo de la agricultura local. Entre esas cepas estaba el malbec. Si bien nuestro malbec posee características diferentes de acuerdo a las zonas de procedencia, la altura, el suelo, el clima y el tipo de vinificación, su estructura tánica, su frescura, su acidez y su marcado sabor a fruta dan por resultado un

vino que marida perfectamente con nuestras carnes. Pero no todo es malbec, también en Argentina se hacen espléndidos blends y cabernet sauvignon que resultan excelentes acompañantes de la carne asada. Nuestra cava cuenta con una selección de etiquetas que provienen de las más reconocidas bodegas de nuestro país. Buscamos el asesoramiento de prestigiosos sommeliers para estar siempre actualizados en un rubro tan dinámico como apasionante.

El viaje gastronómico que ofrecemos en La Cabrera merece un cierre memorable y de alto nivel. Y es por eso que la carta de postres cuenta con el asesoramiento de Osvaldo Gross, uno de los mejores chef pâtissier del país. Cuando conocí a Osvaldo, mientras estudiábamos juntos en la escuela de cocina de Alicia Berger hace ya muchos años, al tiempo nos hicimos amigos. Él supo interpretar como nadie mi deseo: postres clásicos que fueran coherentes con el menú pero con una cuota de sorpresa, de magia. Los helados caseros con cucuruchos de colores, el cheesecake de pistacho, el praliné de brownie caliente con crema inglesa y hasta el flan y la crème brûlée son una muestra de cómo se puede conjugar tradición e innovación. Con los postres, intentamos hacer lo mismo que con nuestros platos: que sean ricos, divertidos y que sorprendan.

Todo el recorrido que vivencian las personas desde que llegan hasta que se van de La Cabrera es una experiencia pensada para conectarlas con el deseo y con el placer de comer.

CORTES

En La Cabrera trabajamos sólo con los cortes vacunos que consideramos ideales para asar a la parrilla.

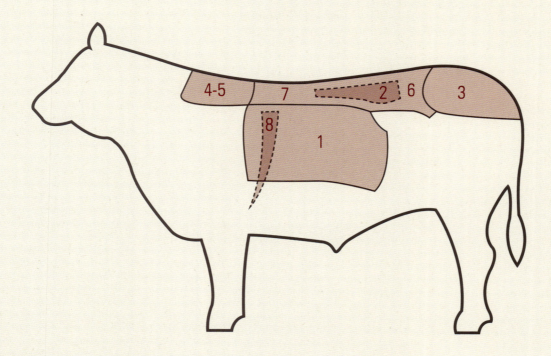

Asado	1
Lomo	2
Cuadril	3
Bifes anchos	4
Ojo de bife	5
Bife de chorizo	6
Asado corte americano	7
Entraña	8

[EL SECRETO]

Asado. Son las costillas de la vaca. Tiene un total de trece por media res. Es el gran protagonista de todo asado argentino. En las carnicerías se consigue el costillar entero, el clásico en tiras (anchas o finas) o el que servimos nosotros que es el "asado ventana" (la parte central del costillar).

Lomo. Está ubicado en la región sublumbar. Limita con los bifes angostos y con el cuadril. Tiene forma alargada y cónica. Se puede dividir en: cabeza, centro, cola y cordón. Es un músculo que el animal no utiliza demasiado y por eso es poco fibroso y tierno. En La Cabrera lo ofrecemos en brochette, a la pimienta y marinado con verduras.

Cuadril. Se ubica en la parte posterior y superior del cuarto trasero del animal. Limita, por un lado, con el bife angosto y el lomo, y, por el otro, con la nalga y la bola de lomo. Es un corte muy completo y compuesto por diversos músculos entre los que se hallan, principalmente, el corazón del cuadril (también llamado riñonada) y la tapa de cuadril (picaña). Pegado al cuadril también está la conocida colita de cuadril. Nuestro bife vuelta y vuelta de cuadril sale bien jugoso y pesa seiscientos gramos.

Bifes anchos. Están al comienzo del tren de bifes, entre la aguja y los bifes angostos. Se componen de dos partes: la tapa (se le dice también marucha) y el ojo de bife. Es muy sabroso porque tiene un contenido graso mayor al de los bifes angostos. En La Cabrera lo ofrecemos como un gran chuletón de setecientos gramos madurado durante quince días.

Ojo de bife. Es el bife ancho sin hueso y sin tapa, integrado por dos músculos. Su marmolado de grasa intramuscular le da mucho sabor. Se ha vuelto un nuevo clásico de la parrilla argentina.

Bife de chorizo. Es el bife angosto sin hueso. Se encuentra en la última parte del tren de bifes, junto al cuarto trasero. Es uno de los cortes más pedidos en cualquier parrilla argentina. En La Cabrera lo ofrecemos en dos tamaños. También tenemos una versión en corte mariposa y otra madurada.

Asado corte americano. Se obtiene al cortar en tiras de una pulgada de espesor los bifes angostos a través del hueso más largo. Es uno de los cortes que más vendemos, y mucho más magro que el asado del costillar.

Entraña. Es la parte del diafragma pegado a las costillas. Está recubierta por una membrana que en contacto con el fuego se contrae, por lo que es recomendable quitarla o realizar unos pequeños tajos antes de asarla. Solía ser un corte no muy tenido en cuenta pero en los últimos años se revalorizó y hasta se puso de moda. Sale bien jugosa.

La Cabrera, casa de carnes.

La Cabrera, casa de carnes.

[EL SECRETO]

La Cabrera, casa de carnes.

Puntos de cocción

AZUL · BLUE RARE

Este punto de cocción es elegido, en especial, por nuestros visitantes europeos y norteamericanos. Se trata de un punto en el que la carne está sellada por fuera de ambos lados a fuego alto, mientras que en el interior se encuentra mayormente cruda y de color rojo intenso. La temperatura corazón (centro del bife) se encuentra entre los 46 y 52 °C.

[EL SECRETO]

JUGOSO · RARE

Levemente más cocido que el blue, este punto se caracteriza por tener el 75 % de la carne interior cruda. La temperatura corazón (centro del bife) se encuentra entre 52 y 55 °C.

Puntos de cocción

ANTES DE PUNTO · MEDIUM RARE

Es el término ideal de cocción ya que el corte no pierde jugosidad. Se encuentra sellado por fuera con el 50 % de la carne interior cruda. La temperatura corazón (centro del bife) está entre 55 y 60 °C.

La Cabrera, casa de carnes.

[EL SECRETO]

A PUNTO · MEDIUM

En este punto la carne pierde algo de jugosidad y sabor. En su interior, el 25 % de la carne posee un color rosado. La temperatura corazón (centro del bife) se encuentra entre 60 y 65 °C.

La Cabrera, casa de carnes.

Puntos de cocción

PASADO DE PUNTO · MEDIUM WELL

Aquí la pieza está prácticamente cocida en su totalidad a excepción de una delgada línea rosada en su interior. La temperatura corazón (centro del bife) se halla entre 65 y 71 °C.

[EL SECRETO]

COCIDO · WELL DONE

En este punto la carne está cocida en su totalidad y se observa una tonalidad grisácea por fuera y marrón en su interior. Aquí el corte pierde cerca del 70 % de jugosidad y hasta puede tornarse duro. La temperatura corazón (centro del bife) supera los 71 °C.

La Cabrera, casa de carnes.

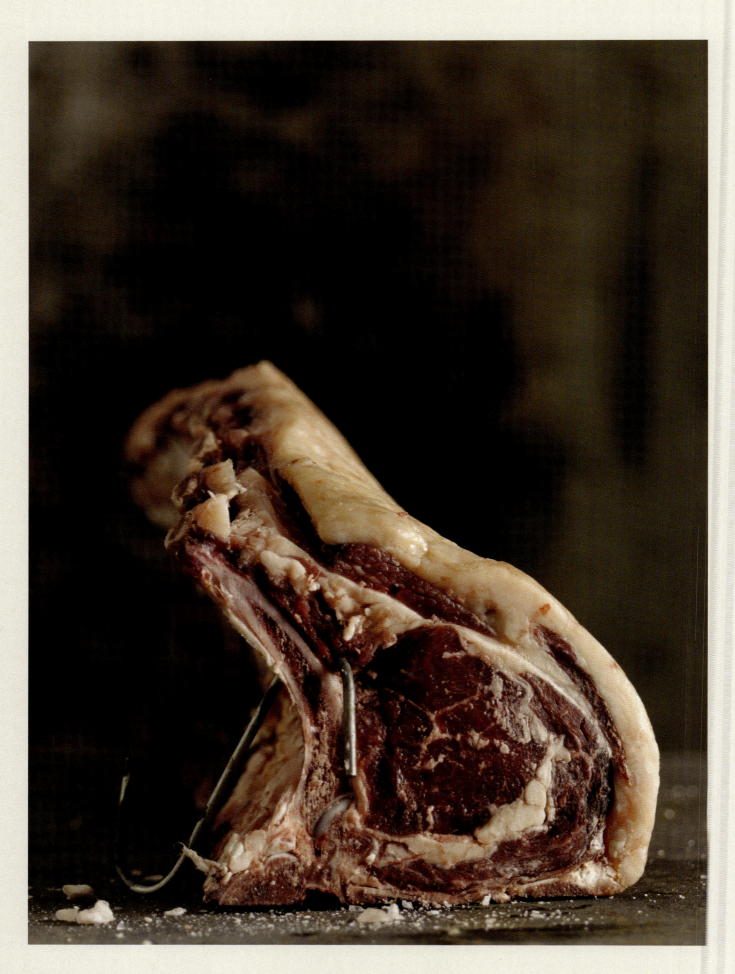

34 | La Cabrera, casa de carnes.

[EL SECRETO]

MADURACIÓN

Al recibir nuestros cortes de los mejores Angus seleccionados, comienza un proceso para que nuestras carnes sean aún más sabrosas y tiernas: la maduración en seco o *dry aged*. Lo aplicamos en el chuletón (bife ancho), el bife de chorizo con hueso y el asado americano (de bife angosto).

Lo primero que hacemos es poner a madurar en nuestras cámaras los trenes de bifes y el asado por casi dos semanas, sin ningún tipo de embalaje.

Se controlan tanto la temperatura (2 °C) como la circulación del aire.

Dentro de la cámara disponemos bloques de sal del Himalaya para favorecer la maduración de las piezas de carne y disminuir la humedad ambiente de la cámara (que es superior al 85 %).

Como consecuencia de este proceso natural enzimático y bioquímico, la carne desarrolla un sabor único, concentrado, además de ser mucho más tierna.

Cuando las piezas se encuentran en el punto justo de maduración, nuestros carniceros las cortan en porciones listas para ir a la parrilla que luego se envían al restaurante.

La Cabrera, casa de carnes. | 35

Maduración

La Cabrera, casa de carnes.

[EL SECRETO]

La Cabrera, casa de carnes.

Los bifes

Anchos

Al comienzo del tren, en el extremo cercano a la cabeza del animal, están los bifes anchos. Si al bife ancho se le saca la tapa y el hueso, quedará por un lado la marucha (tapa) y por otro el ojo de bife.

Medios

Si se sigue recorriendo el tren de bifes, en dirección a la cola del animal, se hallarán los bifes medios que son una transición entre los bifes anchos y los angostos.

Tren de bifes se denomina a la pieza entera de bifes de la media res de la vaca, de donde obtenemos esta variedad de cortes.

La Cabrera, casa de carnes.

[EL SECRETO]

Angostos

Al final, están los bifes angostos. El famoso T-bone es el bife angosto con lomo, ya que este último va pegado a la última parte del tren de bifes. Si al bife angosto se lo deshuesa, se obtiene otro clásico de la parrilla argentina: el bife de chorizo.

La Cabrera, casa de carnes.

Los bifes

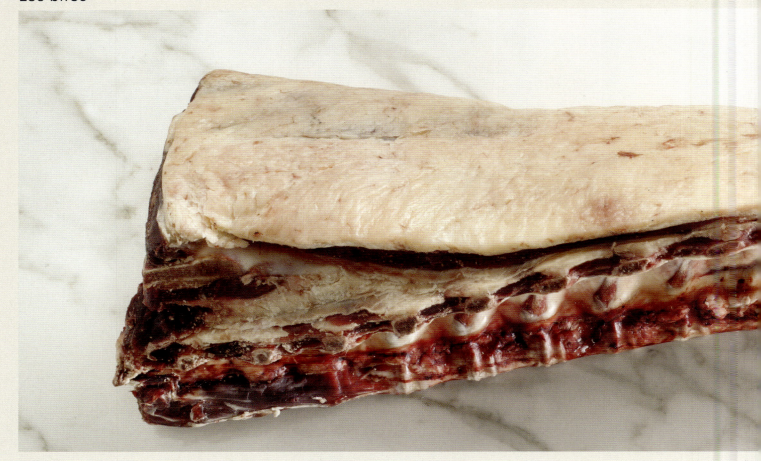

[EL SECRETO]

La Cabrera, casa de carnes. | 41

[EL SECRETO]

Mixtura porteña

Cuando empecé a pensar en mi restaurante, una de las cosas que siempre creí fundamental era crear un ambiente que sorprendiera a los clientes y a la vez les brindara calidez y familiaridad; pero no fue tan fácil al comienzo. Cuando abrí el local, que había sido un viejo bar, tuve que ponerlo en condiciones. Era mi gran proyecto, había depositado todo mi esfuerzo y dinero para cumplir con este sueño. Cuando quedó todo listo... ¡caí en la cuenta de que no teníamos decoración! Las paredes lucían inmaculadas como un gran lienzo blanco. Entonces mi mujer consiguió que la artista Kiki Lawrie colgase algunas de sus obras, improvisando una especie de galería. Y así, donde encontrábamos un hueco lo llenábamos con ideas y objetos. Mi esposa trajo la valija y los sombreros con los que su abuela llegó de España y yo agregué algunos muebles de la carpintería de mi abuelo.

Se me ocurrió poner en uso los platos cascados: dárselos a la gente para que nos deje un comentario sobre cómo había comido, cómo lo había pasado. Así empezamos. Hoy, cuando un cliente ingresa al restaurante por primera vez, se sorprende al observar los cuadros de artistas reconocidos, los platos firmados por todo tipo de celebridades, los objetos antiguos. Es un ambiente que mixtura la historia inmigrante de Buenos Aires con su espíritu de ciudad cosmopolita. La música y la cálida recepción de nuestra gente completan el clima del restaurante. Mozos y mozas que van y vienen cantando las comandas se integran naturalmente al movimiento del salón y se articulan con las charlas de los clientes en cada mesa.

SABROSA

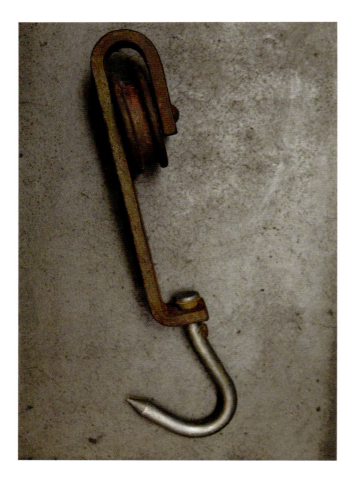

46 | La Cabrera, casa de carnes.

[EL SECRETO]

La Cabrera, casa de carnes.

[EL SECRETO]

La escuelita

Cuando abrí el restaurante en la esquina de Cabrera y Thames teníamos una estructura familiar: mi mamá, mi papá, mi hermana y mi esposa colaboraban en distintas actividades y puestos. Mi papá elegía la verdura en el mercado central (aún hoy lo sigue haciendo), mi mamá ayudaba con algunos postres, mi mujer estaba en la caja y yo, en la parrilla. Además, teníamos dos camareros y un ayudante de cocina. En la actualidad somos unas cien personas las que trabajamos día a día en La Cabrera. Para poder cumplir con las exigencias que requiere un lugar de excelencia es necesario capacitar constantemente al personal. Así surgió el proyecto Escuelita La Cabrera en la que el staff aprende sobre técnicas de cocina, protocolo de salón e idiomas, apoyados por manuales realizados por nosotros mismos y por cursos de formación continua en las principales instituciones de enseñanza gastronómica de Argentina. Camareros y camareras jóvenes y de trayectoria integran nuestra brigada. Poseen un gran manejo de carta y están siempre listos para explicar cada corte de carne a los clientes y sugerirles en qué punto de cocción es recomendable comerlos. Esto es parte del valor agregado de la experiencia La Cabrera.

Entender que La Cabrera no soy sólo yo sino todo este enorme y maravilloso equipo, me permite valorar a la gente que trabaja conmigo, brindándole la oportunidad de crecer y de formarse en el oficio. A todos les digo que somos damas y caballeros atendiendo a damas y caballeros.

Cada detalle es importante. Por eso es fundamental actuar con profesionalismo sin perder la alegría y la buena onda, haciendo sentir a la gente como en su casa. Así es que entre todos armamos una gran familia que empuja –sí, a veces hay que empujar y mucho– para que todo salga bien.

48 | La Cabrera, casa de carnes.

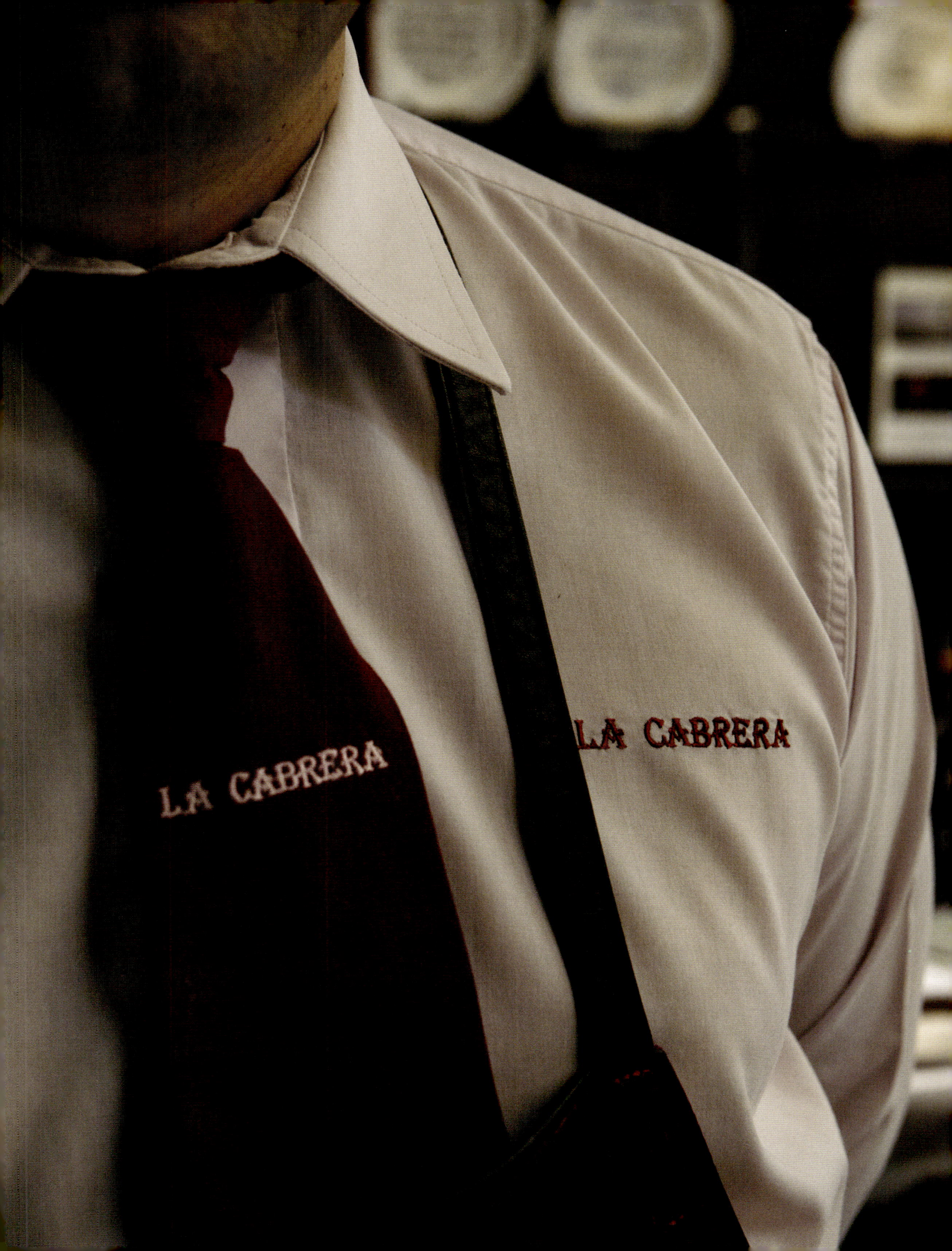
LA CABRERA
LA CABRERA

[EL SECRETO]

La evolución del menú

Con el correr de los años nuestra propuesta se fue modificando. Al armar la carta de un restaurante no se sabe con certeza qué platos tendrán éxito y cuáles no tanto. Recuerdo que en los comienzos de La Cabrera había incluido en el menú un pato confitado que luego lo terminaba en la parrilla y una pata de cerdo para dos personas marinada en salmuera y luego asada. Para mi sorpresa, no tuvieron mucha "salida", así que lentamente los fui apartando de la carta. Distinto fue el caso del asado corte americano, que es nuestro bife de chorizo cortado al revés. No sólo tuvo éxito de inmediato sino que hasta el día de hoy es uno de los platos más vendidos de la historia del restaurante. Actualmente queremos que la gente conozca e incorpore el chipá (un pequeño pan de almidón de mandioca y queso propio del Paraguay y del Nordeste argentino). Con cada tabla ofrecemos algunos para acompañar y así, de a poco, se van haciendo su lugar.

Otro factor que fue influyente en el cambio del menú fue la consideración del producto local con excepción, claro, de la carne. En los últimos tiempos los cocineros más importantes del mundo se fueron volcando a una cocina de mercado inspirada en los productos de estación. Así se revalorizaron tanto los productos como los productores locales, con la intención de recuperar especias y variedades de vegetales casi olvidadas. Muchos restaurantes, entre ellos La Cabrera, dejaron de cocinar con productos importados para empezar a incorporar los cercanos y de estación, forteleciendo la relación entre productores y cocineros. Así empezamos a prestar más atención a nuestra diversidad cultural y contribuimos a difundirla.

52 | La Cabrera, casa de carnes.

[EL SECRETO]

Cruzando fronteras

Palermo, el barrio en el que se encuentra La Cabrera, se ha transformado en las últimas dos décadas en uno de los principales polos gastronómicos de la ciudad. La diversidad y calidad de las propuestas es muy amplia. Cocina de distintas culturas, salones con diseños muy innovadores, ambientes elegantes y ambientes informales, cantinas y restaurantes de cocina de autor; todos convivimos en este barrio que está muy vivo y en continuo crecimiento. En el año 2005 abrimos La Cabrera Norte a escasos metros de la esquina del primer local, con el propósito de satisfacer la demanda creciente. Fuimos observando cómo rápidamente La Cabrera dejaba de ser un restaurante donde sólo la gente local disfrutaba de una parrilla tradicional y novedosa a la vez. Nos habíamos transformado, sin proponérnoslo, en una visita obligada para personas de todo el mundo. Recuerdo que hace varios años atrás, en un viaje a Perú con mi familia, mi suegra en un alto de una caminata se puso a conversar con un turista inglés. Ninguno hablaba el idioma del otro pero se las arreglaron para entenderse. El hombre le comentó que iría a Buenos Aires la semana siguiente y mi suegra, por cordialidad, quiso recomendarle algunos lugares para ir a cenar. Entonces el inglés, mientras sacaba de su bolsillo un pequeño papelito, le dijo que a él ya le habían indicado adónde tenía que ir a comer carne en Buenos Aires. Y mi

suegra se sorprendió al leer: "La Cabrera". Fue un momento de mucha emoción. Y todo gracias al famoso de boca en boca, que cruza y sigue cruzando fronteras, llevándonos a ocupar un lugar destacado en distintas guías turísticas y gastronómicas del mundo. Así es que fuimos elegidos en varias oportunidades por el exigente jurado de la revista británica *Restaurant* entre los cincuenta mejores restaurantes de Latinoamérica (Latin America's 50 Best Restaurants).

En este duro oficio, nada resulta más gratificante para un cocinero que ver a sus comensales disfrutar de la comida que preparó. Que te cuenten que vivieron una experiencia distinta. Que al salir del salón sigan hablando de lo que sucedió ahí dentro. Muchos de ellos, incluso, se sienten transportados a su infancia cuando se descubren saboreando uno de los chupetines que ofrecemos hacia el final ¡y salen aplaudiendo y con ganas de volver!

De todo esto se trata La Cabrera: de gente apasionada por lo que hace y que trabaja con amor y dedicación para brindar la mejor experiencia a sus visitantes. Por eso, cuando me preguntan qué es La Cabrera, siempre digo lo mismo: **somos menú, somos ambiente y somos servicio.**

[EL SECRETO]

Platerío

Como cualquier gastronómico sabe, los platos son una de las primeras cosas que se van desgastando en un restaurante. Siempre están en movimiento, se rompen, se marcan, y hay que ir cambiándolos de manera permanente. Luego de unos meses, tal vez un año después de haber abierto nuestro primer local, habíamos acumulado un buen número de platos cascados. No sabía realmente qué hacer. Me daba no sé qué descartarlos. De repente, se me ocurrió una idea: que quienes nos visitaran los utilizaran para expresar en ellos sus emociones o pensamientos. Recuerdo que Teresa, una de nuestras asiduas clientas, fue una de las primeras en firmar uno.

Así fuimos reuniendo una verdadera colección de firmas e historias de personas de todo el mundo y comenzamos a colgarlos en las paredes. Hoy son tantos —hablamos de miles y miles— que tuvimos que establecer un sistema: todo cliente que quiera contar su experiencia o dejar un mensaje *emplatado*, no debe más que solicitarle uno al mozo. Una vez escrito, el plato se cuelga en la pared y se le toma una foto que se publica en la página web de La Cabrera o en las redes sociales. Como dije, ya son tantos ¡que tenemos que ir rotándolos cada seis meses!

En las paredes de cada uno de nuestros restaurantes conviven las firmas de nuestros clientes cotidianos con las de distintas personalidades destacadas de la cultura, de la moda, del periodismo, del deporte y de la política. De esta manera armamos nuestro pequeño hall de la fama: el equipo argentino de tenis campeón de la Copa Davis (con Juan Martín Del Potro a la cabeza), futbolistas del nivel de David Beckham o David Trezeguet, la selección de rugby de Nueva Zelanda *The All Blacks* y hasta los músicos Keith Richards y Ron Wood de la banda *The Rolling Stones*, son algunas de las celebridades que nos han honrado con su testimonio palpable en las mismas piezas sobre las que servimos el producto de nuestro esfuerzo diario.

La Cabrera, casa de carnes. | 61

Gastón Riveira
Pasión por la carne

Todo en mi vida estaba preparado para que fuese abogado. Ese era el anhelo de mis padres. Un deseo macerado en las expectativas de las clases medias argentinas de tener hijos universitarios, en lo posible, egresados en carreras tradicionales como abogacía o medicina. El título, se pensaba, les garantizaría una vida laboral estable, progreso económico, un ascendente estatus social y la posibilidad de obtener la casa propia. Decidí desde muy joven que esa vida un tanto predecible no era para mí.

Tengo una personalidad emprendedora, tengo alma de laburante y ¡soy algo cabeza dura! Por eso, mi vocación estaba en otro sitio, más cerca de los fuegos que de los estrados, de los libros de recetas que de los de leyes, de Palermo que de Tribunales. No quise ser abogado. Elegí ser cocinero.

Mi infancia transcurrió en el barrio de Palermo, en plena ciudad de Buenos Aires. En los años setenta, Palermo era uno o a lo sumo tres barrios: Palermo propiamente dicho, el viejo y el chico. No existían las más de diez subdivisiones que hay hoy, entre las que sobresalen el Soho y el Hollywood.

Tampoco poblaban sus calles los restaurantes glamorosos ni los locales de diseño o las tiendas de ropa de autor. En el Palermo viejo de mi niñez, barrio de inmigrantes si los había, abundaban los almacenes, los talleres de oficios y algún que otro bodegón.

La Cabrera, casa de carnes.

Allí estaba mi casa, más precisamente, en el cruce de las calles Paraguay y Uriarte. Era como esas viviendas llamadas casa chorizo, uno de los emblemas de los inmigrantes españoles e italianos de principios de siglo XX. Esas propiedades se caracterizaban por estar emplazadas en terrenos angostos pero profundos con ambientes sucedidos en hilera y comunicados entre sí que daban a un patio lateral. Era de lo más común que, cuando una familia se instalaba en una de esas viviendas, sus hijos, una vez emancipados, construyeran su propia casa adelante o atrás de la original en el mismo terreno. En mi caso, así quedó armado el rompecabezas familiar: adelante la mueblería familiar, luego la unidad de mis abuelos, en el medio el taller y en el fondo otra unidad que ocupábamos mis padres, mi hermana y yo.

Podría situar la piedra fundamental de las cosas más importantes que hice hasta el momento en el patio de aquella casa. Allí teníamos una parrilla que fue la primera con la que tuve contacto en mi vida. Los domingos, mi abuelo solía hacer asados en los que no faltaban los chorizos, los chinchulines hervidos en leche, los riñones con ajo y perejil y el vacío con roquefort y nueces. A su lado, observándolo, aprendí las cosas básicas que todo asador necesita para iniciarse en el oficio. Esos domingos en los que se reunía toda la familia me mostrarían pronto que no hay una sola manera de hacer asado. Cada uno tiene sus trucos y costumbres. Están los que se creen los mejores y, como tales, dan todo tipo de consejos, y los que la juegan de callados. Los que asan la carne siempre de la misma manera y los que hacen uso de las técnicas más curiosas. Entre estos últimos, recuerdo a dos tíos que solían frecuentar mi casa los domingos y que de vez en cuando se hacían cargo de la parrilla. Uno de ellos daba vuelta la carne todo el tiempo, de un lado y del otro, sistemáticamente. Mi abuelo se burlaba

[GASTÓN RIVEIRA]

cariñosamente diciéndole que así iba a *marear* al asado. El otro de mis tíos no se desesperaba si el vacío no le entraba en la parrilla. Cuando eso ocurría, sin alterarse para nada, confiando ciegamente en la eficacia de su truco, enrollaba el vacío del mismo modo que suele hacerse con el matambre. Luego, sacaba del bolsillo de su camisa unos cuantos palillos con los que pinchaba la carne para que no se desarmara.

Todos esos rebusques son, para mí, recursos válidos que siempre debe tener a mano un parrillero.

No sólo mi abuelo cocinaba, mi abuela y mi mamá también. La cocina es algo familiar para mí, algo que heredé, que me transmitieron con mucho amor. Cuando no había asado, alguien de la familia podía amasar pastas, como ravioles de verdura y seso. Solían decirme que el seso era jamón cocido para que no me diera impresión, aunque tenían poco éxito: es difícil no reconocerlo.

El taller de la mueblería de mi abuelo era un lugar apasionante para mí. Estaba atiborrado de herramientas y de maderas con distintas formas, muy interesantes para un niño. Allí pasaba horas jugando con lo que encontrase. Recuerdo que las paredes estaban repletas de cosas colgadas por todos lados.

Cuando miro hacia atrás me doy cuenta de cuánto influyó en La Cabrera todo lo que viví en esa casa. Para empezar, es esencialmente una parrilla y se ubica en el barrio de mi infancia. La decoración, por ejemplo, está inspirada en la mueblería de mi abuelo. La Cabrera está colmada de cosas que sorprenden a quienes llegan por primera vez y a quienes vienen seguido, porque siempre sumamos nuevos juguetes, objetos antiguos, cuadros y platos firmados por clientes que nos visitan todos los días. La Cabrera es, de algún modo, una forma de seguir siendo niño, y de mantener viva aquella casa chorizo.

La Cabrera, casa de carnes.

[GASTÓN RIVEIRA]

Mis comienzos en la cocina

Desde antes de que La Cabrera fuese incluso una idea, ya había desarrollado cierta fascinación por los platos más tradicionales de la gastronomía porteña. Nuestra cocina, como muchas en el mundo, es una fusión de las influencias recibidas por diversas culturas que recalaron en nuestro país. Es así que los platos más típicos son, a veces, readaptaciones de originales que existen en otros países. Los ravioles con tuco, las milanesas a caballo, el bife de chorizo, el guiso de lentejas o la tortilla de papas son minutas ineludibles de cualquier bodegón que se precie. Siempre he tenido, como gastronómico, mucho respeto por nuestros platos insignia porque por algo ocupan ese lugar. Eso sí: no hay que subestimarlos. Hay que realizarlos a la perfección, con atención al detalle y con la mejor calidad de ingredientes.

Recuerdo pasar momentos incómodos por mi insistencia con los clásicos, como cuando una vez en la escuela primaria recibí el reto de una maestra por decir que la ensalada de frutas estaba amarga o cuando en una escuela de alta cocina sugerí acompañar unas codornices con ensalada rusa y me miraron como si estuviera loco. En Mar del Plata (la ciudad balnearia más popular de Argentina), donde solía ir de joven, me enamoré para siempre de la milanesa a la napolitana y del matambre envuelto en papel aluminio cocinado durante horas con ají molido, recetas que siempre tuve en la cabeza a la hora de armar un menú.

[GASTÓN RIVEIRA]

Mi primer trabajo en gastronomía fue en un restaurante llamado Don Juan, ubicado en el barrio de Recoleta. Allí ingresé como bachero y pude ver de cerca el funcionamiento de una cocina profesional. Se sabe que el mundo gastronómico no es para cualquiera, hay que tener pasión y mucho compromiso para destinar tantas horas por día a un servicio. Sin embargo, quedé maravillado. Sentí que esa era mi vocación. Con el tiempo salí de la bacha y empecé a cocinar. Un cocinero de esa brigada, quien me enseñó los primeros secretos de la cocina de restaurante, hoy forma parte del equipo de La Cabrera.

Por ese entonces, decidí que además de trabajar en un restaurante quería estudiar. Y me anoté en la escuela de cocina de Alicia Berger, que fue pionera en la escena de la gastronomía argentina tanto por su formación en los mejores institutos de Europa como por ser una de las primeras —si no la primera— en fundar una escuela de alta cocina en el país a principios de los ochenta. Muchos de los grandes cocineros argentinos asistían a sus clases. En sus aulas conocí a Osvaldo Gross, uno de los pasteleros más importantes del país, con quien trabajamos juntos en algunos restaurantes. Es un gran amigo y un gran profesional. Para mí es un orgullo que la carta de postres de La Cabrera esté aprobada por él.

Al terminar mis estudios me sumergí en el mundo de los restaurantes. Tan es así que por la mañana trabajaba en La Bianca, del célebre Gato Dumas, y por la noche en La Brasserie de Las Leñas. El Gato Dumas, otro de los grandes precursores de la cocina argentina, dejó una profunda huella gracias a su carisma, su actividad docente y sus restaurantes emblema. Lo recuerdo como un gran personaje, muy divertido. En la cocina de La Bianca me encargaba de la producción de las pastas y de las entradas. Pese a tener fama

de cascarrabias, el Gato era un motivador nato, un creador generoso que me alentó a soltar la imaginación y a experimentar cosas raras y nuevas. Fue muy importante haber podido trabajar con él. En La Bianca y en La Brasserie de Las Leñas pasé años de intenso trabajo que me formaron como cocinero.

Un episodio que me marcó en este largo camino fue haber realizado el servicio militar. Rogué y rogué para sacar un número bajo en el sorteo y quedar así eximido, pero no fue mi caso. Recuerdo que al llegar a El Palomar, unidad a la que fui destinado, tuve que llenar una ficha con ciertos datos personales, consignando qué era lo que sabía hacer. Completé ese campo con una sola palabra: "cocinar". Y tuve suerte. De inmediato me enviaron al casino de oficiales. Debía hacerme cargo del servicio de almuerzo de doce militares de alto rango. Preparaba platos clásicos bien elaborados como peceto a la cacerola, pollo a la naranja y lomo a la pimienta. En algunas ocasiones, me las ingeniaba para cocinar algo levemente más sofisticado incorporando cremas y whisky. Los militares estaban contentos con la comida. Valoraron mi trabajo y eso permitió que, ante la primera baja, pudiera retirarme. Haber seguido en contacto con la profesión fue clave para no interrumpir mi carrera y hacer más llevaderos todos esos meses.

Viajar es una de las cosas que recomiendo siempre para complementar la formación. Trabajar bajo el mando de otros cocineros, hacer *stages* o pasantías de perfeccionamiento en restaurantes de distintos países permite tomar contacto con otras culturas, con otros ingredientes, con otros aromas y recetas. Así fue que decidí viajar a Europa para cursar en la escuela Lenôtre de París, una de las más importantes de Francia y del mundo, y para cocinar en diferentes restaurantes de Torino y

[GASTÓN RIVEIRA]

Florencia, en Italia. También cociné en ciudades como Punta del Este, San Pablo, Londres y Los Ángeles. Considero que un cocinero es más completo cuando aprende a manejar una diversidad de técnicas. Especializarse en una sola de ellas, como puede ser la parrilla, no está mal, pero disminuye el abanico de recursos que debe reunir un jefe de cocina. Esas enseñanzas me sirvieron cuando me convertí en el chef del restaurante Buenos Aires News. Los fines de semana teníamos entre ochocientos y novecientos cubiertos por noche. Cuando se vendía por completo alguna de las sugerencias de la carta, había que salir a improvisar con lo que se tenía a mano, y para eso era imprescindible contar con las herramientas necesarias que sólo brinda la experiencia. Todo cocinero está expuesto a momentos de profundo estrés y es sustancial permanecer en calma para resolver los problemas de la mejor manera.

A principios de 2000, sentía que ya había hecho todo: había estudiado, había pasado por todo el escalafón de una cocina profesional, había viajado, había cocinado en distintos países y con distintos chefs y había realizado eventos de todo tipo. Experimenté la sensación de que debía hacer algo nuevo, de que debía emprender una búsqueda personal. Se despertó en mí una especie de deseo, una idea que estaba dentro de mí desde vaya a saber cuándo. Comencé a darle forma a ese sentimiento, a tratar de entender qué significaba. No tardé en averiguarlo: quería tener mi propio restaurante, pero no uno cualquiera. Un lugar en el que pudiera plasmar mi estilo, el entramado de todas las experiencias que había adquirido a través de los años y que evocara, de algún modo, mi esencia, mi infancia, mi pasión. Tenía, además, perfectamente clara una cosa: el producto

estrella sería la carne. Así nació La Cabrera.

2002 fue un año especial: me casé con Ximena y unos meses después inauguré el restaurante. Si bien en lo personal fue un año en el que me sucedieron cosas lindas, recuerdo que fue un momento crítico para Argentina, había mucha incertidumbre económica. Era realmente muy arriesgado abrir un establecimiento gastronómico en tales circunstancias, pero todo se fue dando de un modo casi mágico. Un día vi que estaba disponible un local en la intersección de las calles Cabrera y Thames. Y no dudé en alquilarlo. En esa esquina abrí La Cabrera y allí sigue funcionando hasta el día de hoy.

De todas las piletas a las que me tiré en mi vida, esta fue, sin dudas, la más grande. En el momento del salto, mientras estás en el aire, la única pregunta que tiene sentido hacerte es si habrá agua al caer. Requiere coraje y cierto grado de inconsciencia abrir un restaurante. Para no fallarle a los demás y a uno mismo hay que dar lo mejor de sí, trabajar mucho, no dejar de crear y de aprender, considerar único a cada cliente y tratar de mejorar continuamente, porque siempre pero siempre hay algo que se puede perfeccionar.

También es importante mantener la humildad y no distanciarse de ninguna tarea para no perder contacto con todos los aspectos que conforman el ser cocinero. Aun hoy, por ejemplo, muchas veces me pongo a baldear la vereda. La gente se sorprende cuando me reconoce; pero está en mi esencia, todo es trabajo y no hay que menospreciar ninguna función. Soy muy inquieto y tengo la obsesión constante de ver cómo puedo innovar. Todos seguimos un norte, el mío es la satisfacción del cliente y por eso me esfuerzo para que La Cabrera sea considerado uno de los mejores restaurantes de Argentina.

[GASTÓN RIVEIRA]

"¿No te acordás de mí?"

Llegué a Buenos Aires a los quince años desde Colón, mi pueblo natal en la provincia argentina de Entre Ríos. Arribé a la gran ciudad con la idea de encontrar trabajo en un restaurante. Enseguida entré en la cocina de Don Juan como bachero o lavaplatos. A mediados de los ochenta ya me había transformado en jefe de cocina. Un día, un cliente conocido trajo a su hijo y me preguntó si yo tendría problema en enseñarle a cocinar. Así conocí a Gastón. Él tenía quince años y me sorprendieron sus ganas de aprender y su responsabilidad. Recuerdo que le dije: "Pensalo bien. Viví tu juventud. Mirá que en este trabajo no tenés sábados ni domingos libres". Él me respondió que no le importaba, que lo que más le gustaba en el mundo era cocinar. Así comenzó: deshuesando pollos y preparando salsas. Unos años después, estaba listo para seguir con su carrera por otros restaurantes y países. Durante un largo tiempo no supe nada más de él.

Veinte años después yo estaba trabajando en un restaurante en Palermo y él entró a tomar un café. Al verme, le pidió al dueño hablar conmigo. Pensé que había algún problema con su pedido, pero cuando estuve a su lado, me preguntó: "¿No te acordás de mí?". La verdad es que no lo reconocí. Cuando volvió a preguntarme si lo conocía, me di cuenta de quién era y lo abracé bien fuerte. En ese momento me dijo algo que me dejó atónito: "Soy el dueño de La Cabrera y quiero que vengas a trabajar conmigo". Ya pasaron más de diez años desde aquel momento.

Para mí es un orgullo trabajar junto a Gastón Riveira porque él aprendió mucho más de lo que yo le pude enseñar. Es un pibe sensacional y un gran cocinero. Hoy, tal como hice con Gastón, me ocupo de enseñarles el oficio a los jóvenes que empiezan a trabajar en el restaurante y de aconsejar, en base a mi experiencia, a los distintos jefes de cocina.

Ricardo Hidalgo, mi maestro y jefe de cocina de La Cabrera

Vaca viajera
La Cabrera en el mundo

La verdadera razón por la que pensamos en expandirnos a nivel internacional fue la de mostrarle al mundo la comida argentina. Nuestra gastronomía se enriqueció con el aporte de la cocina de muchos pueblos migrantes que nos brindaron ingredientes y recetas a los que fuimos dándole nuestra impronta. No obstante, nuestro producto estrella es la carne.

El ganado, que fue introducido hace más de quinientos años por los españoles y luego mejorado con la importación de razas británicas, encontró favorables condiciones climáticas, abundancia de pasturas y amplios territorios para reproducirse. La calidad de nuestras carnes continúa evolucionando hasta la actualidad.

Decidimos abrir nuevos locales en otros países para contar cómo es nuestra manera de cortar la carne y nuestra forma de asarla, manteniendo la experiencia La Cabrera lo más fiel posible a la de Buenos Aires. En 2013 abrimos en Asunción (Paraguay). Significó un gran desafío trasladar el concepto por primera vez al exterior. Y si bien comenzamos con un objetivo pequeño, hoy hemos superado largamente las metas que nos habíamos impuesto. Allí, incluso, La Cabrera hizo nuevos aportes a la gastronomía local: propuso un menú de carnes a la parrilla en lugar del espeto corrido (sistema en el que la carne es asada en grandes brochetas o espadas), ofreció carnes tiernas y seleccionadas que

[VACA VIAJERA]

pudieran comerse jugosas en tiempos de cocción cortos y sin tener que marcarlas previamente, logró que un frigorífico de la zona seleccionara la mejor carne para el restaurante según nuestros propios lineamientos, introdujo los cortes de carne madurados, estandarizó el servicio para que todos los comensales accedan a la misma calidad de atención e innovó con una decoración original. Por suerte, el éxito fue inmediato, a tal punto que ¡abrimos de lunes a lunes! También incorporamos productos y recetas típicas pensando en los gustos específicos de cada país. Por ejemplo en La Cabrera de Asunción, para acompañar los tradicionales cortes de carne ofrecemos sopa paraguaya, mandioca hervida, variedad de chipás, mbeyú y cazuelas de mango o de piña. Hoy, La Cabrera Asunción es una cita obligada para todos aquellos que quieran comer buena carne y es un lugar de referencia para almuerzos y cenas de negocios por su excelente servicio y la calidez de sus salones. Luego llegó el turno de abrir La Cabrera en

Lima (Perú), donde en la actualidad tenemos ya dos locales. Allí servimos las carnes con una "causa limeña" o con una cazuelita de papas amarillas fritas, mientras que de postre nuestros clientes pueden elegir, inclusive, un riquísimo "suspiro limeño".

Más adelante se sucedieron las aperturas en Manila (Filipinas), donde nos piden que la carne se sirva cortada en pequeños trozos para poder comerla con palitos; en Río de Janeiro (Brasil), donde "salen" la farofa, el palmito asado, los porotos negros y el arroz con carne deshilachada; y en Santa Cruz de la Sierra (Bolivia). Seguimos unos cuantos kilómetros más hasta llegar a América del Norte, donde desembarcamos en la capital de México y en la turística Playa del Carmen, al sur de Cancún. En este país, como ya lo habíamos hecho en otros, quisimos adaptar nuestra carta. Por eso, en el menú se puede encontrar, por ejemplo, una sopa de carne y una pesca del día asada en horno a leña. Fue tan buena la recepción

84 | La Cabrera, casa de carnes.

de La Cabrera en México que ya tenemos proyectadas dos nuevas aperturas.

Para mí, cuidar la marca es fundamental, y eso exige continuos viajes para supervisar que cada emprendimiento respete la calidad y los tiempos de servicio. Consideramos que cada uno de ellos es un pedacito de Buenos Aires inserto en la geografía de otro país, una especie de embajada de La Cabrera Palermo. Por lo tanto, nos ocupamos de capacitar y rotar al personal para garantizar que siempre haya un gerente y un parrillero entrenados por nosotros que controlen que el restaurante funcione a la perfección. Asegurarnos de la llegada de los mejores ejemplares de Angus a tantos kilómetros de Argentina requiere de un arduo trabajo de selección para que la experiencia de comer en cada una de *Las Cabreras* sea como en la original.

Si bien La Cabrera intenta representar la comida argentina en el mundo, el intercambio con otras culturas nos enriquece plenamente.

Nuestra vaca viajera sigue sumando millas y va adquiriendo nuevas vivencias e incorporando recetas y sabores. En un mundo cada vez más globalizado y multicultural, resulta clave entender que nuestras diferencias culturales, lejos de separarnos, son un complemento maravilloso para fusionar las distintas cocinas del mundo manteniendo cada cual su propia identidad. Cuando decidimos expandirnos fuera de Argentina, comenzamos a relacionarnos con gente de distintos países, lo que nos permitió conocer idiosincrasias diferentes. Esta grata experiencia se ve reflejada en el respeto que profesamos por las costumbres propias de cada lugar. Siempre creímos que La Cabrera debía ser un restaurante con una idea clara pero flexible que adapte su menú a los productos y recetas locales. Fue así que nuestra integración resultó más fácil y amena. Fueron muchos los desafíos de instalarnos en otros países pero también muchas las alegrías y gratificaciones. ¡Por eso es que pensamos ir por más!

La Cabrera, casa de carnes. | 85

[VACA VIAJERA]

En crecimiento

La Cabrera es una sorpresa constante que mezcla la planificación con cosas que surgen de su aura mágica. Tenemos planes para seguir creciendo y mejorando. Así que cuando pienso en el futuro me imagino a La Cabrera en más países y en distintos continentes. Si tuviera que arriesgar qué es lo que viene, diría que trataremos de expandir nuestro sueño por China, Estados Unidos, los Emiratos Árabes y Europa.

Crecer no es sólo abrir más locales. Es crecer interiormente también, imprimirle otro vuelo al emprendimiento. Por ello pensamos que La Cabrera puede aportar algo más que una experiencia gastronómica. Puede retribuir, en cierto modo, todo el amor que ha recibido brindando amor a los demás. Como consideramos que La Cabrera puede jugar un importante rol social, estamos desarrollando un conjunto de acciones solidarias con el fin de estrechar sólidos lazos con nuestra comunidad y con quienes más lo necesitan. Subastas, donaciones, comidas solidarias. ¡Todo esto se viene en La Cabrera y es una de las cosas que encaramos con más entusiasmo!

La Cabrera, casa de carnes.

[VACA VIAJERA]

El choribondi itinerante

Pertenezco a una generación que se crio con los famosos "carritos" de la avenida Costanera de Buenos Aires, frente al Río de la Plata. Un carrito es una especie de *food truck*, como se los llama ahora, pero con un espíritu más artesanal. Mi abuelo solía llevarme a comer un sándwich de bondiola, de vacío o un choripán. Cuando los carritos desaparecieron —hoy por suerte están de regreso— creí que debían volver. Entonces, con Ximena, comenzamos a pensar de qué manera podíamos reinventarlos. Si nos preguntan a los argentinos qué cosas consideramos "bien nuestras", en la lista seguro que aparecen el colectivo y el choripán. Son dos símbolos de nuestra cultura. Así fue que salimos en busca de un colectivo que estuviera fuera de circulación. Recorrimos muchos talleres mecánicos hasta que finalmente dimos con uno. Allí lo acondicionaron especialmente con una parrilla que se despliega a la vista del público. De esta manera nació el Choribondi, un hermanito menor de La Cabrera. Una parrilla itinerante que recorre eventos y ferias gastronómicas. El "chorisán", creado a bordo del Choribondi, es uno de los platos más vendidos en las distintas ferias gastronómicas realizadas en la Ciudad de Buenos Aires. Consiste en un sándwich de nuestro chorizo casero en un pan calentito, condimentado con chimichurri de autoría propia (una mezcla de varias especias considerada el aderezo nacional por excelencia) y acompañado con lechuga y tomate especialmente seleccionados. ¡Un manjar al que nadie le escapa!

La Cabrera, casa de carnes. | 89

90 | La Cabrera, casa de carnes.

La Cabrera, casa de carnes.

RECETAS

Menú La Cabrera

La Cabrera es el restaurante que siempre soñé y en el que puedo expresar toda mi pasión por la cocina. Para mí, cocinar es un gran acto de amor y de servicio a los demás. Es dar, recibir y compartir. Eso es lo que siempre me guió en esta profesión que elegí y que me eligió. Y es lo que intento transmitir desde mi humilde lugar porque es, a su vez, lo que me legaron mis abuelos, mis padres y los maestros que tuve en este oficio.

Tener y respetar un estilo a la hora de elaborar platos es fundamental. Por eso busco en mis recetas un equilibrio entre la innovación, combinando ingredientes sin prejuicios, y los clásicos de toda la vida.

Ahora sí, nuestro menú. Paso a paso, les voy a revelar buena parte de todo aquello que nos consagra como *uno de los secretos mejor guardados de Palermo*: nuestras entradas, nuestras carnes y nuestros postres, en estado puro. Algunas de estas recetas se inspiran en mi familia y en mi infancia, como los riñoncitos con manteca de provenzal; otras son parte de un largo camino profesional por distintos restaurantes del mundo, como las carnes maduradas. Nuestras salsas y cazuelitas tienen un capítulo especial ya que son una marca registrada de La Cabrera. Por último, los postres, que son fruto de mi amistad con Osvaldo Gross.

[RECETAS]

Provoleta La Cabrera con pesto .... **1.**
página 99

Provoleta ahumada con orégano .... **2.**
página 101

Camembert a la parrilla .... **3.**
página 103

Riñoncitos con manteca provenzal .... **4.**
página 105

Empanadas de carne .... **5.**
página 109

Mollejas de corazón con peras y espumante .... **6.**
página 111

Sándwich de chorizo criollo .... **7.**
página 113

Morrones asados rellenos .... **8.**
página 115

[RECETAS]

Provoleta La Cabrera con pesto

1.
entradas

INGREDIENTES
4 porciones

- 4 medallones de provoleta (de 250 g cada uno, aprox.)
- Lonjas de jamón crudo o cocido, a gusto
- Tomates secos, hidratados en aceite, a gusto

para el pesto
- 4 dientes de ajo
- 1 pizca de sal gruesa
- 15 hojas de albahaca
- 10 cdas. de aceite de oliva extravirgen
- Sal y pimienta, a gusto

PREPARACIÓN

Para el pesto, pelar los dientes de ajo y machacarlos en un mortero con unos granitos de sal gruesa. Mezclar el ajo con las hojas de albahaca y el aceite de oliva. Machacar (este paso se puede realizar también en una procesadora) y salpimentar.

Dejar orear los medallones de provoleta mientras se enciende el fuego y se obtienen buenas brasas. Colocar la parrilla a 12 centímetros de altura (si es regulable) y sellar los medallones de ambos lados por no más de 2 minutos. Luego, disponer cada uno en cuencos de cerámica o de hierro y cocinar durante 15 minutos hasta que el queso esté bien derretido. Añadir unas lonjas de jamón crudo o cocido, unos tomates secos y, por último, el pesto. Servir en los cuencos.

La Cabrera, casa de carnes. | 99

[RECETAS]

Provoleta ahumada
con orégano

2.
entradas

INGREDIENTES
4 porciones

- 4 medallones de provoleta ahumada
- 4 cdas. de aceite de oliva
- Orégano, a gusto
- Pimienta machacada (se puede usar pimienta de varios colores), para decorar
- 1 atado de rúcula

para la vinagreta
- Jugo de ½ limón
- 4 cdas. de aceite de oliva
- Sal, a gusto

PREPARACIÓN

Mientras se enciende el fuego y se obtienen buenas brasas, dejar orear los medallones. Cocinarlos en la parrilla a fuego fuerte hasta que comiencen a derretirse. Con una espátula y con cuidado, pasar los medallones a los cuencos (de cerámica, hierro o loza) y cocinarlos a una altura de entre 12 y 15 centímetros por unos 20 minutos hasta terminar la cocción.

Condimentar cada medallón con una cucharada de aceite de oliva, orégano y pimienta machacada.

Se puede acompañar esta entrada con unas hojas de rúcula y una vinagreta muy simple, que se prepara de esta manera: en un bol se disuelve sal en el jugo de limón y luego se añaden las 4 cucharadas de aceite de oliva para emulsionar.

En La Cabrera utilizamos el proceso de ahumado en frío que dura 45 minutos. Además, añadimos viruta de manzano u otras leñas que brindan aromas agradables.

La Cabrera, casa de carnes. | 101

[RECETAS]

Camembert a la parrilla

3.
entradas

INGREDIENTES

2 porciones grandes o 4 chicas

- 1 medallón de queso camembert
- Chutney de peras o de manzanas, a gusto
- Peras y manzanas desecadas, a gusto
- Nueces, a gusto
- Aceite de oliva, c/n
- Lonjas de jamón crudo (opcional)
- Tomates secos, hidratados en aceite (opcional)

para el chutney de manzanas

- 50 g de manteca clarificada
- Cúrcuma y pimienta de Jamaica, c/n
- 1 peperoncino seco
- 25 g de jengibre
- 15 g de sal fina
- 5 dientes de ajo, picados
- 5 g de mostaza en grano
- 1 kg de manzanas verdes, en cubos
- 50 g de morrón rojo, en cubos
- 30 g de cebolla blanca, en cubos
- 180 g de azúcar negra
- 125 ml de vinagre de manzana
- 50 ml de jugo de limón
- 40 g de pasas de uva

PREPARACIÓN

Colocar la parrilla a 15 centímetros del fuego (a temperatura fuerte) y disponer el camembert con mucho cuidado. Cocinar 8 minutos de cada lado y finalizar la cocción en un cuenco de cerámica o de hierro. Si no se tiene mucha práctica, se puede cocinar sólo de un lado sobre los hierros, luego darlo vuelta y cocinar 8 minutos más dentro del cuenco.

Retirar del fuego, agregar el chutney de peras o manzanas y las frutas desecadas. Condimentar con aceite de oliva y decorar con algunas nueces.

Para el chutney de manzanas, templar las especias (cúrcuma, pimienta, peperoncino, jengibre, sal, mostaza y ajo) en la manteca clarificada. Agregar la manzana, el morrón y la cebolla cortados en cubos parecidos. Adicionar el azúcar, el vinagre y el jugo de limón. Cocinar hasta lograr la textura deseada. Agregar las pasas de uva. Rectificar sabores.

Para obtener manteca clarificada, calentar manteca a fuego mínimo por entre 10 y 15 minutos y espumar constantemente. Retirar del fuego cuando no se forme más espuma y dejar reposar. Pasar a otro recipiente la parte traslúcida y descartar la parte blanquecina.

La Cabrera, casa de carnes. | 103

[RECETAS]

Riñoncitos
con manteca provenzal

4.
entradas

INGREDIENTES

4 porciones

- 1 riñón
- Rodajas de 1 limón
- 50 g manteca pomada (ablandada a temperatura ambiente)
- 1 cdita. de perejil picado
- 3 dientes de ajo, picados
- Salsa inglesa, a gusto
- Sal y pimienta, a gusto

para la guarnición
- Puré de zanahoria
- Remolachas hervidas
- Tomates secos, hidratados en aceite

Como otro acompañamiento, también se pueden preparar bastones de zanahoria. Para eso, calentar 2 cucharadas de azúcar con 50 gramos de manteca y 200 gramos de zanahoria cortada en bastones. Tapar con papel de aluminio y terminar la cocción sobre el mismo fuego encendido.

PREPARACIÓN

Colocar el riñón bajo la canilla y dejar correr bastante agua para retirar cualquier sabor fuerte que pueda tener. Colocarlo en un bol y verter agua hasta taparlo, agregar las rodajas de limón y descartar las telitas que lo recubren.

En otro recipiente profundo, mezclar la manteca pomada, el perejil, el ajo y la salsa inglesa. Salpimentar y mezclar con una espátula hasta que todo esté bien integrado.

Colocar la manteca sobre papel de aluminio y amasar, lentamente, hasta lograr un cilindro. Enfriar, por lo menos, 4 horas en la heladera.

Disponer el riñón sobre la parrilla a fuego fuerte y cocinarlo 5 minutos de cada lado (tener en cuenta que si bien el riñón es redondo, se trabaja como si tuviera 6 lados) para que resulte bien sellado.

Cortar el riñón en medallones y cocinarlos de ambos lados sobre la parrilla hasta que estén dorados.

Desenvolver la manteca provenzal y cortarla en finas monedas. Antes de servir, disponer una moneda sobre cada uno de los medallones de riñón y dejar que esta se ablande con el propio calor de la pieza.

Para la guarnición de remolachas, hervirlas con piel partiendo de agua fría con sal gruesa (no más de 10 gramos por litro de agua) hasta que estén tiernas. Escurrirlas, dejarlas enfriar, pelarlas y cortarlas en cubos.

La Cabrera, casa de carnes. | 105

"Las empanadas son algo muy federal,
cada provincia argentina tiene su propio estilo
de elaboración, su método y secretos,
al igual que ocurre con el asado.
Nosotros las hacemos fritas".

[RECETAS]

Empanadas
de carne

5.

entradas

INGREDIENTES

3 docenas

para la masa

- 1 kg harina 000
- 1 pizca de sal
- 250/350 g de grasa de cerdo o
de pella derretida
- Agua tibia, c/n

para el relleno

- 50 g de grasa de pella
- 1 kg de cebollas, en brunoise
- 1 kg de carne (puede ser bola de lomo),
cortada a cuchillo en cubos chicos
- Comino y pimentón dulce o picante, a gusto
- 1 cda. de azúcar
- Orégano o mezcla de hierbas, a gusto
- 1 blanco de puerro, en rueditas
- 250 g cebollas de verdeo, en rueditas
- Sal y pimienta, a gusto

para la cocción

- Aceite de girasol, para freír, c/n

PREPARACIÓN

Para el relleno, calentar la grasa en una sartén profunda. Rehogar las cebollas hasta que estén traslúcidas. Agregar la carne y condimentar con comino, pimentón, sal, pimienta, azúcar y otras hierbas a gusto. Cocinar por media hora.

Antes de retirar del fuego, incorporar el puerro y la cebolla de verdeo. Mantener unos minutos más en el calor. Retirar, rectificar la sazón, tapar y llevar a la heladera por un día entero.

Para la masa, disponer sobre la mesada limpia la harina y la sal en forma de volcán. Colocar en el centro la grasa de cerdo o pella derretida e ir incorporando agua de a poco, hasta obtener un bollo homogéneo. Envolverlo en papel film y llevar a la heladera por 3 horas.

Retirar de la heladera y sobar la masa rotándola entre cuatro y cinco veces, sin dejar de amasar. Llevar a la heladera por media hora más.

Estirar la masa sobre la mesada enharinada hasta lograr 4 milímetros de espesor. Cortar discos de 8 centímetros de diámetro aproximadamente. Reservar.

Distribuir el relleno en el centro de los discos, doblar al medio y hacer el repulgue (acá cada uno tendrá su técnica, por mi parte, aplico la que me enseñó mi abuelo: juntar la masa y hacer el repulgue con un tenedor).

Freír las empanadas en abundante aceite caliente hasta que estén doradas. Escurrir con una espumadera sobre papel absorbente. Servir bien calientes.

La Cabrera, casa de carnes. | 109

[RECETAS]

Mollejas de corazón con peras y espumante

6.
entradas

PREPARACIÓN

Pelar y cortar las peras por la mitad a lo largo. Descartar el centro y las semillas. Luego, cortarlas en cuartos.

Desgrasar muy bien las mollejas de corazón y cortarlas en cubos de 5 centímetros de lado.

Insertar en los palitos para brochette los ingredientes en este orden: un cubo de molleja, un cuarto de pera y una hoja de laurel (se pueden poner 2 hojas). Repetir la secuencia hasta completar el palillo. Cerrar con una hoja de laurel.

Colocar los palillos sobre una bandeja, rociar con el espumante, tapar con papel film y macerar por 2 horas en la heladera. Retirar 30 minutos antes de su cocción.

Cocinar las brochettes de mollejas a la parrilla, con los hierros calientes y las brasas bien encendidas, a fuego lento, durante 15 minutos aproximadamente de cada lado. Salpimentar y servir. Si las mollejas se blanquean previamente en agua con limón, cocinar sólo 5 minutos por lado para que resulten con buen color y textura crocante.

INGREDIENTES
4 porciones

- 2 peras
- 4 mollejas de corazón
- Hojas de laurel, c/n
- 2 copas de espumante
- Sal y pimienta, a gusto

La Cabrera, casa de carnes. | 111

[RECETAS]

Sándwich
de chorizo criollo

7.
entradas

INGREDIENTES

6 porciones

- 6 chorizos (de puro cerdo, así me gustan a mí)
- 6 panes caseros
- Tomate, en rodajas (opcional)

PREPARACIÓN

Calentar muy bien la parrilla colocándola a 24 centímetros aproximadamente de las brasas. Pinchar el chorizo y cocinarlo a fuego fuerte unos 3 minutos.

Bajar el fuego distribuyendo las brasas hacia los costados. Cocinar 10 minutos, dar vuelta los chorizos con una pinza y cocinar otros 10 minutos más.

Abrir los panes al medio, disponer un chorizo en cada uno y servir solo, con tomates y aderezado con chimichurri (página 178) o con salsa criolla (página 179).

Pan casero

Para los que se animen al amasado y horneado en casa, les compartimos esta receta.

INGREDIENTES

- 50 g de levadura
- 1 vaso de leche
- 1 vaso de soda
- 2 cdas. de azúcar o miel
- 1 kg de harina 000
- Agua a temperatura ambiente, c/n
- Sal y pimienta, a gusto
- Mezcla de leche y huevo y pizca de sal gruesa, para la doradura (opcional)

PREPARACIÓN

Mezclar en un bol profundo la levadura con la leche. Añadir la soda, el azúcar o la miel y la harina. Mezclar hasta lograr una masa homogénea. Salpimentar. Verter agua de a poco hasta humedecer la mezcla y lograr un bollo. Cubrir con papel film y dejar reposar en la heladera hasta el día siguiente. Retirar, amasar y armar 6 bollos de 200 gramos cada uno. Disponer los bollos en una asadera enharinada, cubrirlos con un repasador y dejarlos leudar hasta que dupliquen su volumen.

Calentar el horno a 200 °C. Pincelar los bollos con la doradura, si desean, y hornear 12 minutos hasta que estén dorados.

Para la doradura, antes de hornearlos, se pueden pincelar los panes con una mezcla de leche y huevo, para darles brillo, y esparcir una pizca de sal gruesa, para que tengan mejor sabor.

La Cabrera, casa de carnes. | 113

[RECETAS]

Morrones
asados rellenos

8.
entradas

INGREDIENTES

4 porciones

- 2 morrones carnosos
- 4 huevos
- 4 cditas. de aceite de oliva
- 75 g de queso cremoso (o pecorino, rallado)
- Sal y pimienta, a gusto

PREPARACIÓN

Abrir los morrones al medio, descartar las semillas y las nervaduras y blanquearlos por un minuto en una cacerola con agua hirviendo. Escurrirlos y colocarlos sobre la parrilla con la abertura hacia arriba.

Romper y disponer un huevo en cada mitad de los morrones. Cocinar unos 10 minutos hasta que las claras se tornen blancas. Distribuir cubitos de queso cremoso o pecorino rallado 2 minutos antes de terminar la cocción. El mismo calor de los morrones hará que el queso se derrita.

Para lograr el gratinado que se observa en las fotos, colocar una placa para horno arriba de los morrones y distribuir algunas brasas. Dejar que se gratinen durante 5 minutos. Retirar la placa. Condimentar con aceite de oliva, sal, pimienta y servir.

La Cabrera, casa de carnes.

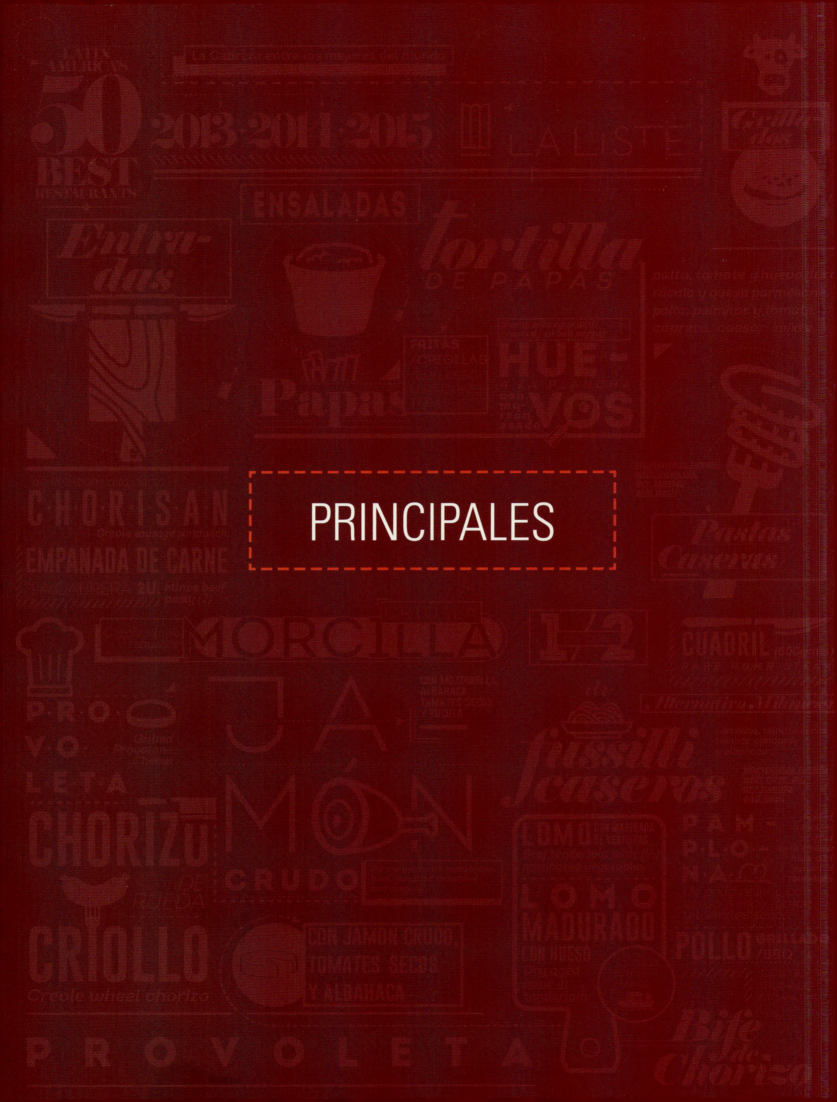

[RECETAS]

Asado de tira corte americano **1.**
....
página 119

Chuletón argentino **2.**
....
página 121

Bife madurado con papas asadas **3.**
....
página 123

Tapa de cuadril de Wagyu argentino **4.**
....
página 125

Pollo a la parrilla con aceite de naranja **5.**
....
página 127

Brochette de lomo con manteca de hierbas **6.**
....
página 129

Bondiola de cerdo mechada con panceta ahumada y pesto **7.**
....
página 131

Cochinillo macerado **8.**
....
página 133

Brochette de pollo con naranja, panceta ahumada y vodka **9.**
....
página 135

Hamburguesa de cuadril de Wagyu **10.**
....
página 137

Milanesa de bife de chorizo napolitana **11.**
....
página 139

Pamplona de pollo **12.**
....
página 141

[RECETAS]

NIVEL DE CALOR

El calor de las brasas se comprueba con la palma de la mano sobre la parrilla, a la altura estimada en la que se colocará la carne. Si se puede contar entre 1 y 2 segundos, el calor es fuerte, intenso. Si la mano soporta entre 3 y 4 segundos, el calor es medio, moderado. Si la mano aguanta entre 5 y 7 segundos sobre la parrilla, el nivel de calor es bajo, suave. Para reducir el nivel de calor hay que desparramar las brasas o retirar una parte.

Asado de tira
corte americano

1.

principales

INGREDIENTES

3 porciones

- 1,5 kg de asado de tira, corte americano
- Sal marina patagónica, a gusto

para la guarnición de choclo

- 150 g de choclo en granos congelados
- 50 g de cebolla, en cubos de 5 mm de lado
- 25 g de cebolla de verdeo, picada
- 50 ml de vino blanco
- 100 ml de crema de leche
- Salsa blanca, c/n (opcional)

PREPARACIÓN

Este no es el corte tradicional del asado que todos conocemos. Acá estamos hablamos del bife de chorizo con hueso y cortado a lo largo, en tiras (llamadas banderitas) de un espesor de 1,5 centímetros, aproximadamente.

Preparar buenas brasas y ubicar la parrilla a 15 centímetros (si es regulable). Cuando la parrilla está caliente, disponer las tiras de asado y cocinarlas a fuego fuerte, sólo unos minutos, según el punto deseado.

Cuando suelten jugo, darlas vuelta, salar y cocinar hasta que vuelvan a liberar jugo. Retirar la carne y servirla acompañada con una guarnición de choclo.

Para la guarnición de choclo, descongelar el choclo en agua tibia y escurrirlo rápidamente. Rehogar la cebolla junto con la cebolla de verdeo. Verter el vino blanco y cocinar hasta evaporar el alcohol, agregar el choclo, la crema de leche y la salsa blanca si lo desea.

La Cabrera, casa de carnes. | 119

[RECETAS]

Chuletón argentino

2.
principales

PREPARACIÓN

Este corte precisa una buena cantidad de fuego para realizar el sellado inicial. Debido a su grosor y al espesor del hueso hay que colocar la parrilla a mayor altura que lo normal para que la carne tarde más en alcanzar la temperatura de corazón, es decir, que el calor llegue al centro de la pieza. La temperatura ideal para lograr el punto es de 55 °C. Por eso, una vez sellado, hay que cocinar la pieza con menos brasas, para no quemarla y que quede cruda en el centro. Las brasas se pueden aromatizar con sarmientos de vid, quebracho o piquillín.

Cocinar el chuletón de ambos lados por apenas unos minutos, de acuerdo al punto de cocción que se desee. Salpimentar bien y servir. Les aconsejo servirlo no muy cocido. Y tener en cuenta que la pieza nunca debe presentar aspecto quemado en su exterior cuando se realiza la caramelización.

Se puede acompañar con porotos alubia a la provenzal y puré de calabaza. Para los porotos, remojarlos de un día para el otro. Cocinarlos partiendo de agua fría con sal hasta que estén tiernos. Dejarlos enfriar y añadir ajo y perejil picados, aceite de oliva y sal.

INGREDIENTES
1 porción

- 1 chuletón argentino
- Sal y pimienta, a gusto

para la guarnición
- Puré de calabaza con pasas al oporto (página 165)
- Porotos a la provenzal

El chuletón argentino para nuestro país, y para la denominación internacional, es el espaldar que incluye distintos músculos (el trapecio, el latissimus dorsi o la tapa de asado, el serratus ventralis, que es el músculo del asado, el rhomboideus o la tapa del bife, el músculo central llamado longissimus dorsi), la vértebra, el hueso y la carne intercostal.

La Cabrera, casa de carnes. | 121

[RECETAS]

Bife madurado con papas asadas

3.

principales

INGREDIENTES

4 porciones

- 1 bife de chorizo entero y con hueso
(de 3,2 kg)
- Sal marina, pimienta y nuez moscada,
a gusto

para las papas asadas

- 1 papa mediana
- Sal marina, pimienta y tomillo, a gusto
- Aceite de oliva, a gusto

PREPARACIÓN

En La Cabrera maduramos nuestras carnes. Reproducir esta técnica en casa no es sencillo puesto que se deben tomar ciertas precauciones y es necesario contar con el instrumental adecuado. Por eso, recomendamos comprar la carne ya madurada en una carnicería de confianza. Para quienes se animen, indicamos abajo este proceso de maduración.

Colocar el bife de chorizo entero, de novillo liviano, en un recipiente con tapa y dejarlo reposar 12 días en la heladera a 2 °C. El secreto de la maduración es una alta velocidad de viento dentro de la heladera, por lo que se deberá tener esto en cuenta. Para bajar la

Se puede acompañar con una ensalada de hojas verdes y vinagreta de mostaza (página 159), puré de garbanzos (página 155) y un huevo frito encima (página 151).

humedad se pueden utilizar paredes de sal marina de la Patagonia argentina. Otra manera de colocarlo en la heladera es colgarlo sobre un colchón de sal marina o piedras de sal del Himalaya. Las enzimas del hueso, el tiempo de reposo y la temperatura madurarán la carne y la mejorarán, otorgándole una textura, una terneza y un sabor especial. Retirar la pieza de la heladera una vez transcurridos los 12 días y una hora antes de cocinarla.

Cortar la carne en 4 bifes de 800 gramos cada uno, con hueso incluido. Si compramos la carne madurada en la carnicería, podemos pedirle al carnicero que la corte.

Encender el fuego y lograr buenas brasas. Aquí sugiero probar otras maderas además del quebracho o del espinillo; por ejemplo, se puede utilizar madera de sarmiento de vid, manzano, durazno o cualquier otra que agregue aromas a la carne. Cuando el fuego esté bien fuerte y no se pueda mantener la palma de la mano cerca por más de 7 segundos sobre la parrilla, distribuir las brasas (que deben estar blancas) debajo de la parrilla para comenzar la cocción. Disponer la parrilla a 15 centímetros de altura desde las brasas y ubicar los bifes alineados sobre los fierros.

Cocinar la carne unos 9 minutos de cada lado o hasta que su temperatura interior sea de 60 °C (se toma con termómetro de cocina). Para darnos cuenta de la temperatura de manera casera, cuando el bife suelte jugo, es momento de darlo vuelta; cocinar otros 9 minutos para terminar la cocción. Condimentar con sal, pimienta y nuez moscada. Servir bien caliente.

Para las papas, cortar la papa al medio y disponerla sobre papel de aluminio. Salpimentar, colocar una ramita de tomillo y rociar con aceite de oliva. Envolverla con el papel. Cocinar directamente sobre las brasas por 10 minutos. Dejar reposar 5 minutos y desenvolverla. Rectificar la sazón.

La Cabrera, casa de carnes. | 123

[RECETAS]

Tapa de cuadril
de Wagyu argentino

4.
principales

INGREDIENTES

2 porciones

- 2 bifes de Wagyu (de 400 g cada uno)
- Sal (en lo posible marina y patagónica)

y pimienta, a gusto

para la guarnición

- Espárragos, c/n
- Tomates, c/n

Wagyu - Este corte se identifica por su marmolado (*marbling*) o por la distribución de la grasa entre las fibras musculares de la carne que describe la clasificación (el veteado) y calidad de ese Wagyu. Esta grasa contiene un porcentaje más alto de ácidos grasos monoinsaturados que cualquier otra raza vacuna.

Para que los genes del marmolado puedan dar su máxima expresión en la carne, el animal debe alimentarse correctamente en forma continua. Hay varios tipos y grados de marmolado. El ideal es moderadamente abundante, que es el nivel mínimo necesario para promediar el grado de calidad Prime. Si bien no se pueden considerar oficiales, el marmolado requerido dentro de cada nivel es importante.

PREPARACIÓN

Sacar la carne de la heladera para que tome temperatura ambiente y salarla. Encender las brasas. Agregar leña al carbón encendido, espinillo principalmente, aunque puede reemplazarse por ramas de árboles frutales, como los sarmientos de las vides, para darle un aroma distinto. Una vez que el fuego esté fuerte, chequear con la palma de la mano, que deberá soportar unos 7 segundos sobre la parrilla sin que se queme. Cuando las brasas están blancas es el momento perfecto para distribuirlas debajo de la parrilla y comenzar a asar la carne.

Disponer la carne y cocinar los bifes de ambos lados sobre los hierros calientes (fierritos redondos, dispuestos en V, rejilla o a gusto de cada uno) y a unos 10 centímetros de las brasas, hasta lograr 60 °C de temperatura interior. De esta manera las piezas mantienen el color rojo en el centro y quedan a punto, como a mí me gusta. Una vez que se advierta sangre en la superficie de la pieza, darla vuelta y cocinar hasta terminar la cocción, por unos 6 minutos más, dependiendo del grosor del bife. Así se logra el punto jugoso o a punto. Si se desea más cocido, dar vuelta la carne cuando arriba de la pieza ya no se vea nada de sangre. Salpimentar con sal de mar (en Argentina hay una de muy buena calidad producida en la Patagonia) y servir de inmediato.

Para el acompañamiento. Limpiar los espárragos, salarlos con sal marina y rociarlos con aceite de oliva. Disponerlos en la parrilla y cocinarlos hasta que estén crujientes, por no más de 6 minutos. Cortar los tomates limpios al medio y rociarlos con un poco de aceite de oliva. Disponerlos en la parrilla y cocinarlos 4 minutos por lado. Una vez cocidos, esparcir sal marina, pimienta molida y orégano.

La Cabrera, casa de carnes. | 125

[RECETAS]

Pollo a la parrilla
con aceite de naranja

5.
principales

INGREDIENTES

4 porciones

- 1 pollo mediano, abierto al medio y aplastado como una rana
- 1 l de agua caliente
- 5 g de sal gruesa
- 1 pocillo de hierbas picadas (perejil, romero, ciboulette)
- Jugo de limón, c/n

para el aceite de naranja

- Piel de 2 naranjas
- 300 ml de aceite de oliva extravirgen suave
- 1 clavo de olor
- ½ rama de canela

PREPARACIÓN

Preparar una salmuera en un bol grande con el agua caliente y la sal gruesa. Mezclar el líquido para que la sal se disuelva y luego sumergir allí el pollo. Tapar el bol y llevarlo a la heladera por 24 horas.

Escurrir el pollo. Despegarle un poco la piel e introducir entre la piel y la carne las hierbas picadas. Rociar con abundante jugo de limón.

Disponer la parrilla a 20 o 30 centímetros de altura y distribuir muchas brasas a fuego fuerte. De esta manera, no se quemarán ni la carne ni la piel del pollo, que son más delicadas que las de la vaca. Sobre la parrilla caliente, extender el pollo con el lado de adentro (el hueso de la carcasa) mirando hacia abajo. De acuerdo al tamaño del pollo, cocinar entre 20 y 25 minutos de un lado, pincelando la pieza con el aceite de naranja. Dar vuelta el pollo y cocinar del otro lado (el de la piel), mientras se continúa pincelando con el aceite, otros 20-25 minutos hasta que esté dorado.

Para el aceite de naranja, retirar la parte blanca de la piel de las naranjas para que la preparación no tome sabor amargo. Colocar las pieles en un frasco y agregar el aceite de oliva, el clavo de olor y la canela. Cerrar bien. Calentar el frasco en una olla con agua a baño María por media hora a fuego muy lento. Dejar enfriar y utilizar para pincelar el pollo durante la cocción.

La Cabrera, casa de carnes. | 127

[RECETAS]

Brochette de lomo con manteca de hierbas

6.
principales

PREPARACIÓN

Integrar la manteca con las hierbas picadas y salpimentar.

Cortar el lomo en escalopes muy finos, untarlos con la manteca de hierbas y envolver cada uno en una lámina de panceta.

Hacer un rollito de carne envuelto en panceta y pincharlo con un palo de brochette. Intercalar morrones, cebollas y rollitos de carne hasta completar el palillo.

Disponer la parrilla a 12 centímetros de las brasas, que deben están bien encendidas (blancas), y cocinar las brochettes unos 5 minutos girándolas de tanto en tanto. Retirarlas, poner una nuez de manteca de hierbas sobre cada pedazo de lomo y servirlas calientes.

Se pueden acompañar con berenjenas y otras verduras asadas.

INGREDIENTES
4 a 6 porciones

- 2 kg de lomo
- 150 g de panceta ahumada, en láminas
- 180 g de manteca pomada (ablandada a temperatura ambiente)
- 4 cdas. de hierbas frescas picadas (romero, tomillo y orégano)
- 150 g de cebolla blanca, en cuartos
- 150 g de morrón rojo, en cuadrados
- 100 g de morrón verde, en cuadrados
- Sal y pimienta, a gusto

La Cabrera, casa de carnes. | 129

[RECETAS]

Bondiola de cerdo mechada
con panceta ahumada y pesto

7.

principales

INGREDIENTES

4 porciones

- 1 bondiola de cerdo (1 ¼ kg aprox.)
- 200 g de panceta ahumada, en lonjas de 1 cm de grosor
- Jugo de 1 limón
- Sal marina y pimienta negra, a gusto

para el pesto

- 1 ramo de hojas de albahaca
- Granitos de sal, a gusto
- 1 diente de ajo
- 50 g de nueces peladas
- 50 g de queso parmesano, rallado
- 4 cdas. de aceite de oliva extravirgen
- Pimienta, a gusto

para el acompañamiento

- Manzanas verdes, c/n
- Jugo de limón, a gusto

PREPARACIÓN

Hacer un orificio central en la bondiola de cerdo, de lado a lado, para poder rellenarla. También se le puede pedir al carnicero que haga el corte con una cuchilla larga y afilada. Reservar la pieza.

Para el pesto, procesar las hojas de albahaca con granitos de sal. Agregar el diente de ajo pelado, las nueces peladas, el queso parmesano rallado y pimienta negra. Incorporar de a poco el aceite de oliva, mezclar y reservar.

Mechar la bondiola con la panceta ahumada (me gusta cortarla en lonjas de un centímetro de grosor) y después con el pesto. Salar con sal marina y condimentar con pimienta negra. Bridar o atar la bondiola con hilo de algodón, para que conserve una buena forma y no se desarme durante la cocción.

Por el volumen de la pieza, va a requerir buenas brasas. Una vez que el fuego esté encendido, ubicar la parrilla a 30 centímetros de las brasas y colocar la bondiola de cerdo mechada sobre los fierros calientes. Sellarla por todos sus lados, rotándola. Tapar la bondiola con papel de aluminio grueso y cocinarla entre 20 y 25 minutos de cada lado. Esta cocción requiere paciencia. Retirar la carne, salpimentarla y rociarla con el jugo de limón.

Se puede acompañar esta carne con puré de manzanas. Para eso, pelar las manzanas y cocinarlas en horno hasta que estén blandas. Pisarlas con un poco de jugo de limón. Si se desea un puré más liso, pasarlo por un tamiz.

La Cabrera, casa de carnes. | 131

[RECETAS]

Cochinillo macerado

8.

principales

INGREDIENTES

4 porciones

- 1 cochinillo (cerdo pequeño, de unos 3 kg)
- 2 l de agua caliente
- 10 g de sal gruesa
- Gajos de limón, a gusto
- Salsa chimichurri, para acompañar (página 178) (opcional)
- Mezcla de hojas verdes, como guarnición (opcional)

PREPARACIÓN

Disponer el cochinillo en una fuente grande y verter el agua caliente mezclada con la sal. Dejarlo durante un día entero en la heladera. Este paso es fundamental porque el agua y el sabor salado penetran en la carne y van rompiendo muy sutilmente las fibras, haciéndola más sabrosa. Además hacen que el cochinillo no se seque y mantenga su jugo natural durante la cocción.

Retirar la fuente de la heladera. Sacar el cochinillo y separar con un cuchillo filoso, por las coyunturas, las patas del costillar. De esta manera, el cochinillo queda abierto y listo para la parrilla.

Mientras tanto, preparar buenas brasas y ubicar la parrilla a unos 30 centímetros de altura. Cuando los fierros estén calientes, testear con la mano sobre la parrilla que se pueda contar hasta 6. Esto indica que el nivel de calor es suave y la cocción será lenta (por eso la altura de la parrilla es superior a la habitual).

Disponer el cochinillo abierto con el lado de las costillas hacia abajo y colocar papel manteca por arriba. Cocinar por una hora y media. Darlo vuelta y cocinar por 40 minutos más. Al finalizar la cocción, retirar el cochinillo y servir con gajos de limón y unas gotas de salsa chimichurri. Queda bien acompañado con una mezcla de hojas verdes.

La Cabrera, casa de carnes. | 133

[RECETAS]

Brochette de pollo con naranja, panceta ahumada y vodka

9.
principales

PREPARACIÓN

Chequear que la pechuga no tenga huesitos ni cartílagos (mirar y palpar). Si los tiene, extraerlos con un cuchillo filoso. Cortar las pechugas en 6 cubos (o pueden trozarse en 12 si se quieren porciones más pequeñas).

Envolver cada trozo de pollo en una lonja de panceta ahumada (o en media, si las pechugas se cortaron en 12 cubos cada una). Cortar la naranja (con piel) en 6 rodajas y marcarlas en la parrilla o en la plancha vuelta y vuelta para que el sabor cítrico sea más intenso.

Pinchar en los palos de brochette los trozos de pollo envueltos en panceta y alternarlos con las rodajas de naranja.

Disponer las brochettes en una fuente y verter el jugo de naranja y el vodka. Dejar macerar durante 2 horas en la heladera. Retirarlas y salpimentarlas.

Disponer la parrilla a 15 centímetros de las brasas, que deberán estar a fuego fuerte. Cocinar las brochettes en la parrilla caliente de 12 a 15 minutos de cada lado. Servirlas calientes.

INGREDIENTES
3 porciones

- 2 pechugas de pollo
- 6 lonjas de panceta ahumada
- 1 naranja
- 1 taza de jugo de naranja
- 1 taza de vodka
- Sal marina y pimienta, a gusto

La Cabrera, casa de carnes. | 135

[RECETAS]

Hamburguesa de cuadril de Wagyu

10.
principales

INGREDIENTES

1 porción

- 300 g de cuadril de Wagyu
- Perejil picado, a gusto
- Ajo picado, a gusto
- 1 huevo
- 1 pan de hamburguesa
- 1 hoja de lechuga
- 2 rodajas de tomate pelado
- 2 fetas de queso tybo (opcional)
- Cebolla caramelizada, c/n
- Sal marina y pimienta, a gusto

PREPARACIÓN

Procesar la carne y condimentarla con sal, pimienta, perejil y ajo picados. Dejar descansar en la heladera un día envuelta en papel film.

Formar un bollo grande o dos chicos y darle la forma de hamburguesa deseada (a veces, nosotros la hacemos cuadrada).

Cocinar la hamburguesa a la parrilla o en una plancha a fuego fuerte por 8 minutos de cada lado. Mientras se cocina la carne, freír el huevo en una sartén con abundante aceite.

Cortar el pan y colocar en la base la lechuga, el queso (que se funde con el calor de la carne), la hamburguesa, la cebolla caramelizada, las rodajas de tomate y el huevo frito. Tapar con el resto de pan y servir.

Preparar unas buenas papas fritas para acompañar.

La Cabrera, casa de carnes. | 137

[RECETAS]

Milanesa de bife de chorizo napolitana

11.
principales

INGREDIENTES
1 porción

- 1 bife de chorizo de 400 g
- 2 huevos
- Ajo picado, a gusto
- Perejil picado, a gusto
- Pan rallado, c/n
- Aceite, para freír, c/n
- Queso provolone rallado, c/n
- 1 cda. de salsa de tomate
- 2 fetas de jamón cocido
- 4 fetas de queso de máquina
- 1 tomate, en rodajas
- Orégano, a gusto
- Sal marina y pimienta, a gusto

PREPARACIÓN

Martillar la carne para aplastarla bien. Batir los huevos con el ajo, el perejil, la sal y la pimienta. Salar la carne y rebozarla pasándola primero por el pan rallado, luego por el huevo y una vez más por el pan rallado. Freír en una sartén profunda con abundante aceite caliente o en una freidora.

Rallar el queso provolone. Disponer encima de la milanesa la salsa de tomate, las fetas de jamón cocido, las de queso, el provolone rallado, las rodajas de tomate y el orégano. Cocinar la milanesa en el horno hasta que el queso se funda. Servir de inmediato.

La Cabrera, casa de carnes. | 139

[RECETAS]

Pamplona
de pollo

12.

principales

INGREDIENTES

2 porciones (½ pollo por persona)

- 1 pollo deshuesado (1 kg aprox.)
- 2 fetas de jamón cocido
- 2 fetas de queso de máquina, fresco, mozzarella
o Mar del Plata
- 6 tomates secos hidratados
- 300 g de tela crepín
- Sal y pimienta, a gusto

PREPARACIÓN

Nuestra pamplona es un homenaje a los hermanos uruguayos.

Para comenzar, deshuesar el pollo (o comprarlo deshuesado) y martillarlo hasta aplastarlo. Salpimentar. Disponer arriba el jamón, el queso y los tomates.

Enrollar y envolver con la tela crepín. Si no se consigue, utilizar papel de aluminio. Disponer la pamplona sobre la parrilla en la parte con más fuego y cocinar hasta que esté sellada. Pasarla a un lugar con menos brasas y continuar la cocción girando la pieza cada 5 minutos hasta que esté lista. Cuando la tela crepín esté transparente debido a que se fundió por el calor, es momento de retirar la pamplona de la parrilla.

La tela crepín o *crépine* es una membrana fina, grasa y con apariencia de red que se utiliza para envolver algunas preparaciones como la pamplona (puede verse en la foto de la página 54).

La Cabrera, casa de carnes. | 141

GUARNICIONES

[RECETAS]

Pastel de papa, morcilla y hongos **1.**
página 145

Batatas en dos cocciones **2.**
página 147

Ensalada de tomates secos y olivas negras **3.**
página 149

Huevos fritos **4.**
página 151

Ajo dulce y picante **5.**
página 153

Puré de garbanzos (hummus) **6.**
página 155

Ensalada de frutillas y mozzarella **7.**
página 157

Hojas verdes y vinagreta de mostaza **8.**
página 159

Puré de aceitunas **9.**
página 161

Ensalada de papines andinos con huevos de codorniz **10.**
página 163

Puré de calabaza con pasas al oporto **11.**
página 165

Puré de papa a la mostaza **12.**
página 167

Corazones de alcauciles con aceite de ajo **13.**
página 169

[RECETAS]

Pastel de papa, morcilla y hongos

1.
guarniciones

INGREDIENTES

6 a 8 porciones

- 1 rueda de morcilla
- 30 g de hongos frescos o secos hidratados, picados
- Agua o caldo, c/n
- 1 kg de papas, peladas
- 1 cda. de manteca
- 1 yema
- 2 cdas. de leche
- 1 pizca de queso sardo madurado o reggianito, rallado
- Sal y pimienta, a gusto
- Nuez moscada, a gusto

PREPARACIÓN

Calentar una sartén antiadherente y cocinar la morcilla a fuego medio unos minutos. Retirarla, descartar la piel, volver a ponerla en la sartén y mezclar hasta desarmarla. Agregar los hongos picados. Seguir revolviendo y reservar en la sartén.

Para el puré duquesa, poner al fuego abundante agua o caldo en una cacerola. Una vez que el agua hierve, sumergir las papas peladas y enteras y cocinarlas hasta que estén bien blandas.

Colar las papas, disponerlas en un bol profundo y hacer un puré con ellas. Añadir la manteca, la yema, la leche, la sal, la pimienta, la nuez moscada y, por último, el queso rallado.

Colocar prolijamente la mezcla de morcilla y hongos en una fuente para horno y cubrir con el puré duquesa.

Cocinar 20 minutos en horno precalentado a 180 °C hasta que se gratine bien la superficie del puré. Servir bien caliente.

La Cabrera, casa de carnes. | 145

[RECETAS]

Batatas
en dos cocciones

2.
guarniciones

PREPARACIÓN

Hervir agua en una cacerola. Agregar una cucharada de manteca, el azúcar blanca y mezclar. Sumergir los bastones de batata con piel en el agua hirviendo y cocinarlas hasta que estén tiernas. Otra opción es colocar todos los ingredientes en un recipiente para microondas cubierto con papel film y cocinar allí las batatas por unos minutos.

En una sartén, derretir la manteca pomada con el azúcar negra y el pisco. Revolver. Agregar las batatas cocidas y sartenear hasta caramelizar los bastones. Retirar con una espumadera, disponer en una fuente, espolvorear con azúcar y servir.

INGREDIENTES
8 porciones

- 1 kg de batatas, con piel, en bastones o redondeadas del mismo tamaño
- 1 cda. de manteca fría
- 250 g de azúcar blanca
- 1 cda. de manteca pomada
- 200 g de azúcar negra
- 1 cda. de pisco
- Azúcar, para decorar, c/n

La Cabrera, casa de carnes. | 147

[RECETAS]

Ensalada de tomates secos
y olivas negras

3.
guarniciones

INGREDIENTES
4 porciones

- 100 g de tomates secos
- 100 g de aceitunas negras sin carozo
(enteras o cortadas al medio)
- 200 ml de aceite de oliva
- 25 g de escamas de queso parmesano
- 1 pizca de orégano fresco
- Romero fresco, a gusto
- Sal en escamas, a gusto

PREPARACIÓN

Colocar los tomates secos en un bol y cubrirlos con agua caliente. Dejarlos hidratándose por 20 minutos. Escurrir y reservar en aceite.

Cortar los tomates hidratados en trozos y las aceitunas al medio si se desea. Disponerlos en cazuelitas o en boles chicos y mezclarlos con el aceite de oliva y las escamas de queso. Condimentar con orégano o romero y sal.

[RECETAS]

Huevos
fritos

4.
guarniciones

INGREDIENTES
4 porciones

- 1 pocillo de aceite de oliva extravirgen
- 4 huevos
- Sal y pimienta, a gusto

PREPARACIÓN

Calentar el aceite en una sartén. Agregar los huevos, cascándolos previamente en un plato y volcándolos con delicadeza, para que no se rompan. Cocinar los huevos unos minutos, según el punto deseado.

Condimentarlos con sal y pimienta y retirarlos cuidadosamente con una espumadera.

Así de simple y sabroso.

La Cabrera, casa de carnes. | 151

[RECETAS]

Ajo dulce
y picante

5.
guarniciones

INGREDIENTES
8 porciones

- 1 kg de dientes de ajo, pelados
- 1 kg de azúcar
- 2 cdas. de aceto balsámico
- 150 g de ají molido picante
- Sal y pimienta, a gusto

PREPARACIÓN

Colocar todos los ingredientes en una cacerola de fondo grueso (los ajos, el azúcar, el aceto y el ají molido), salpimentar y cocinar unos 30 minutos a fuego lento, revolviendo ocasionalmente con una cuchara de madera.

La Cabrera, casa de carnes. | 153

[RECETAS]

Puré de garbanzos (hummus)

6.
guarniciones

INGREDIENTES

4 porciones

- 200 g de garbanzos
- 1 diente de ajo, picado
- 30 g de tahini (pasta de sésamo)
- 1 cdita. de semillas de sésamo
- 1 pizca de comino
- 1 cdita. de pimentón dulce
- 1 cda. de queso blanco (opcional)
- 50 ml de aceite de oliva extravirgen
(y extra, para decorar)
- Sal y pimienta, a gusto
- Pimentón, para decorar

PREPARACIÓN

Hidratar los garbanzos en agua fría la noche previa a preparar este puré. Escurrirlos al día siguiente y cocinarlos en una olla con abundante agua hirviendo hasta que estén blandos. Colarlos y dejarlos enfriar.

Colocar en la procesadora los garbanzos, el ajo, la pasta de sésamo o tahini, las semillas de sésamo, el comino, el pimentón, el queso blanco, el aceite, la sal y la pimienta. Procesar enérgicamente hasta obtener una pasta homogénea. Aunque con procesadora queda bien, lo ideal es realizar este proceso con un mortero.

Servir en una cazuela pequeña con un chorrito de aceite de oliva por encima y un poco de pimentón, para decorar.

La Cabrera, casa de carnes. | 155

[RECETAS]

Ensalada de frutillas y mozzarella

7.

guarniciones

INGREDIENTES

4 porciones

- 200 g de frutillas, limpias, sin cabitos y a la mitad o en cuartos
- Aceto balsámico, para macerar, c/n
- 1 polpeta de mozzarella, en cubitos
- 8 hojas de albahaca, en juliana fina

para la vinagreta

- 150 ml de aceite de oliva extravirgen
- 50 ml de vinagre balsámico reducido o caramelizado
- Sal y pimienta, a gusto

- Hojas verdes de estación, c/n (opcional)

PREPARACIÓN

Colocar las frutillas en un bol, verter aceto balsámico hasta cubrirlas y dejarlas macerar unos minutos.

Colocar todos los ingredientes en un bol profundo y mezclar.

Para la vinagreta, mezclar el aceite de oliva con el vinagre. Salpimentar y revolver hasta emulsionar.

Se puede servir esta ensalada en cazuelas individuales o, si se desea, en platos sobre un colchón de hojas verdes. Condimentarla con la vinagreta.

La Cabrera, casa de carnes. | 157

[RECETAS]

Hojas verdes
y vinagreta de mostaza

8.

guarniciones

INGREDIENTES

4 porciones

para la vinagreta

- 1 cda. de mostaza de Dijon
- Jugo de 1 limón
- 200 ml de aceite de oliva extravirgen
- 2 cdas. de vinagre de manzana
- 1 cda. de miel (opcional)
- Sal y pimienta, a gusto

para la ensalada

- 4 atados de variedad de hojas verdes (lechuga manteca, morada, crespa, criolla)
- Brotes y flores comestibles, c/n

PREPARACIÓN

Para la vinagreta, colocar en un bol profundo la mostaza, el jugo de limón, el aceite de oliva, el vinagre de manzana y la miel. Salpimentar. Revolver bien hasta emulsionar.

En una ensaladera, mezclar las hojas verdes y los brotes. Aderezar con la vinagreta de mostaza y decorar con las flores comestibles.

La Cabrera, casa de carnes. | **159**

[RECETAS]

Puré
de aceitunas

9.
guarniciones

PREPARACIÓN

Procesar las aceitunas, las anchoas desaladas, las alcaparras, la mayonesa, el queso crema y el aceite. Mezclar, salpimentar y volver a procesar hasta obtener un puré en pocos minutos. Mezclar con las aceitunas en rueditas.

INGREDIENTES
4 porciones

- 50 g de aceitunas negras sin carozo
- 3 lonjas de anchoas en aceite desaladas (enjuagadas en agua)
- 1 cda. de alcaparras
- 1 cda. de mayonesa
- 1 cda. de queso crema
- 200 ml de aceite de oliva extravirgen
- 1 pizca de sal y otra de pimienta
- 60 g de aceitunas, en rueditas

La Cabrera, casa de carnes. | 161

[RECETAS]

Ensalada de papines andinos
con huevos de codorniz

10.
guarniciones

INGREDIENTES
4 porciones

- 500 g de papines andinos, lavados y con piel
- 12 huevos de codorniz
- 1 taza de mayonesa
- 1 diente de ajo, picado
- 3 cdas. de jugo de limón
- Hierbas frescas picadas (opcional)
- Sal y pimienta, a gusto

PREPARACIÓN

Cocinar los papines en agua hirviendo salada hasta que estén tiernos. Escurrirlos y cortar la cocción con agua fría.

Hervir los huevos de codorniz de 3 a 5 minutos, escurrirlos y pelarlos. Cortarlos a la mitad.

Mezclar la mayonesa con el diente de ajo picado, el jugo de limón y condimentar con sal y pimienta.

Disponer los papines y los huevos en una ensaladera. Aderezar con la mayonesa y decorar con hierbas picadas, si se desea. Servir.

La Cabrera, casa de carnes. | 163

[RECETAS]

Puré de calabaza con pasas al oporto

11.
guarniciones

INGREDIENTES
4 porciones

- 100 g de pasas de uva sin semilla
- 2 pocillos de oporto
- 1 calabaza grande
- 20 g de manteca
- Sal y pimienta, a gusto

PREPARACIÓN

Macerar en un bol las pasas de uva sin semilla cubiertas con el oporto por unas 8 horas.

Envolver la calabaza con papel de aluminio. Cocinarla sobre la parrilla caliente, con buenas brasas y a una altura de 15 centímetros, durante 20 minutos. Darla vuelta y cocinarla 20 minutos más.

Retirar la calabaza de la parrilla, cortarla al medio, descartar las semillas y rescatar la pulpa con una cuchara.

Colocar la pulpa caliente en un bol, hacer un puré, agregar las pasas de uva maceradas y escurridas y la manteca. Salpimentar, mezclar y servir.

[RECETAS]

Puré de papa a la mostaza

12.
guarniciones

INGREDIENTES
4 porciones

- 4 papas
- 50 g de manteca
- 100 ml de crema de leche
- 1 cda. de mostaza de Dijon
- Sal, pimienta y nuez moscada, a gusto

PREPARACIÓN

Lavar las papas. Cocinarlas con piel en agua hirviendo hasta que estén tiernas. Retirarlas, pelarlas y pisarlas hasta obtener un puré.

Batir el puré caliente con la manteca y condimentar con sal, pimienta y nuez moscada.

Incorporar la crema de leche y la cucharada de mostaza de Dijon. Mezclar bien hasta que se integren los sabores.

Se puede decorar con una cucharadita de mostaza con granos en el momento de servir.

La Cabrera, casa de carnes. | 167

[RECETAS]

Corazones de alcauciles
con aceite de ajo

13.

guarniciones

INGREDIENTES

4 porciones

- 1 diente de ajo
- 1 taza de aceite de oliva extravirgen
- 8 corazones de alcauciles
- Sal marina patagónica, a gusto
- Albahaca picada, a gusto
- Zest de limón, para decorar
- Piel de tomate frita, para decorar
- Alcaparras, para decorar

PREPARACIÓN

Pelar el diente de ajo y macerarlo en un recipiente con el aceite de oliva durante 24 horas.

Calentar una sartén en la parrilla, verter el aceite de ajo y esperar a que levante temperatura. Incorporar los corazones de alcauciles y saltearlos unos minutos, girándolos.

Antes de finalizar la cocción, condimentar con la sal marina y la albahaca picada. Se puede decorar con zest de limón, alcaparras y piel de tomate frita. Servir.

La Cabrera, casa de carnes. | 169

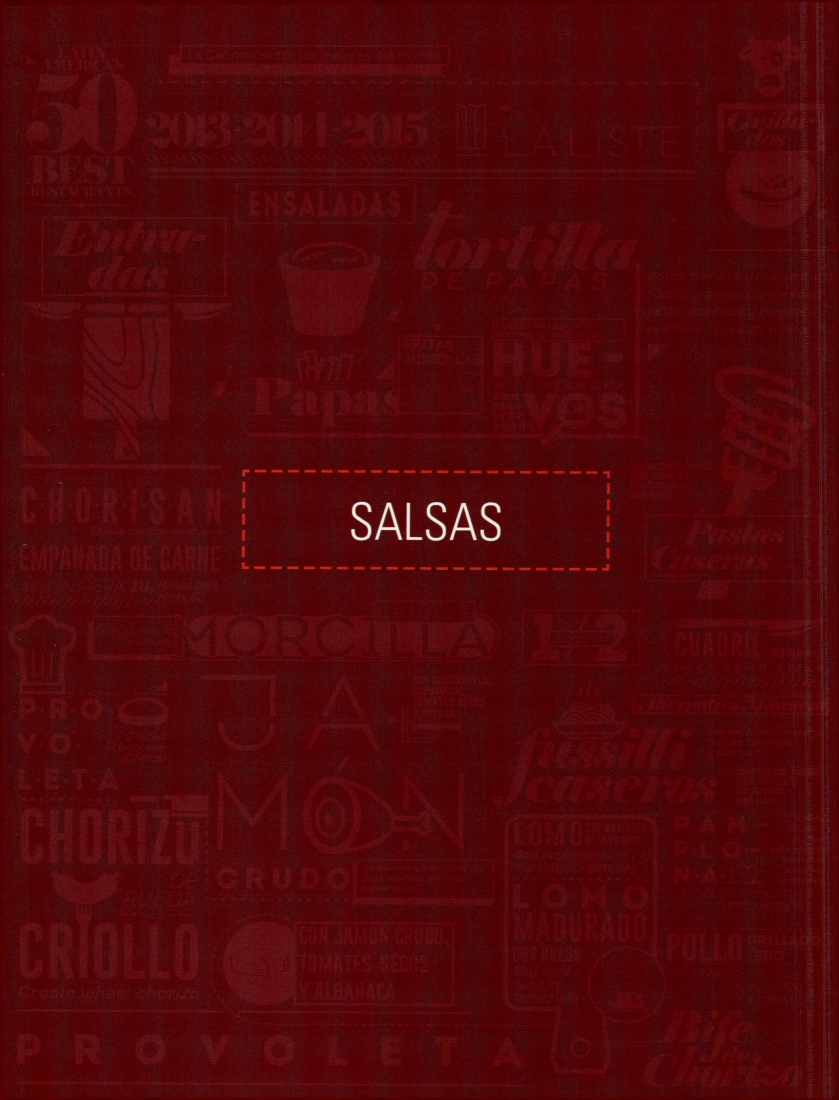

[RECETAS]

De hongos a la crema
1.
página 174

De queso azul
2.
página 174

Barbacoa casera
3.
página 175

Tártara
4.
página 175

De pimienta
5.
página 176

Teriyaki
6.
página 176

Demi glace
7.
página 177

Endiablada
8.
página 177

De yogur
9.
página 178

Chimichurri
10.
página 178

Pesto rojo
11.
página 179

Criolla
12.
página 179

Pesto
13.
página 180

Salsas

1.

De hongos a la crema

INGREDIENTES

4 porciones

- 1 cebolla, en brunoise
- 50 ml de aceite de oliva extravirgen
- 500 g de champiñones secos, hidratados en té o agua
- 200 ml de crema de leche
- 50 ml de caldo de hongos
- 1 chorrito de aceite de oliva perfumado con trufa negra (opcional)
- Sal y pimienta, a gusto

PREPARACIÓN

Rehogar la cebolla en una cacerola con el aceite de oliva y agregar los champiñones hidratados. Cocinarlos unos minutos hasta que estén dorados y la cebolla, casi transparente. Verter la crema de leche, sin dejar de revolver.

Cuando la salsa se espese ligeramente, verter el caldo y salpimentar. Mezclar hasta unificar bien y servir.

Para darle un toque especial se puede añadir al final un chorrito de aceite de oliva perfumado con trufa negra.

2.

De queso azul

INGREDIENTES

4 porciones

- 150 g de queso azul
- 500 ml de crema de leche
- Sal y pimienta, a gusto

PREPARACIÓN

Cortar el queso en cubos y colocarlo en un bol apto para microondas. Verter la crema de leche, salpimentar y mezclar.

Cocinar 3 minutos en el microondas, retirar y revolver bien hasta unificar el queso derretido. Si hace falta, cocinar otro minuto.

Esta salsa va muy bien con un delicioso bife de chorizo.

[RECETAS]

3.

Barbacoa casera

INGREDIENTES

8 porciones

- 4 cebollas medianas, picadas
- 2 dientes de ajo, picados
- 4 cdas. de aceite de oliva
- 1 rama de tomillo fresco, picada
- 1 rama de romero fresco, picada
- 1 cda. de comino
- 1 cdita. de mostaza
- 2 cdas. de miel o azúcar
- 100 g de kétchup
- 1 cda. de salsa de soja
- 1 cda. de salsa tabasco
- Sal y pimienta, a gusto

PREPARACIÓN

Freír la cebolla y el ajo en una cacerola con el aceite de oliva revolviendo lentamente (el ajo no se debe quemar). Incorporar el tomillo, el romero y el comino. Salpimentar y cocinar 3 minutos más hasta que la cebolla esté dorada.

Agregar la mostaza, la miel, el kétchup, la salsa de soja y la salsa tabasco.

Mezclar muy bien y cocinar otro par de minutos. Retirar del fuego y dejar enfriar.

Es ideal para carnes o verduras a la parrilla; también con algún pescado.

4.

Tártara

INGREDIENTES

4 porciones

- 2 cebollas rojas, bien picadas
- 50 g de aceitunas verdes sin carozo, picadas
- 1 cda. de alcaparras, picadas
- 2 pepinillos gruesos en vinagre, picados
- 250 g de mayonesa
- 1 cdita. de jugo de limón
- Sal y pimienta, a gusto

PREPARACIÓN

Picar en cubos bien pequeños las cebollas, las aceitunas, las alcaparras y los pepinillos. Colocarlos en un bol. Agregar la mayonesa, el limón y salpimentar. Mezclar hasta integrar todo.

Esta salsa va muy bien con carnes, pero también con pescados y mariscos.

La Cabrera, casa de carnes. | 175

Salsas

5.

De pimienta

INGREDIENTES

- 30 g de manteca
- 75 ml de coñac
- 250 ml de crema de leche
- Sal, a gusto
- 1 cda. de pimienta en grano (negra, verde, blanca o combinadas)
- 2 cdas. de salsa de soja

PREPARACIÓN

En una sartén, derretir la manteca a fuego lento. Verter el coñac y cocinar hasta quemar el alcohol. Agregar la crema de leche y cocinar 3 minutos más hasta que la salsa se mezcle y empiece a espesarse.

Salpimentar y añadir la salsa de soja. Si se quiere obtener un sabor más intenso, conviene triturar la pimienta ligeramente con un mortero antes de usarla, así machacada soltará más aroma.

Mezclar y servir en un cuenco para salsear las carnes.

6.

Teriyaki

INGREDIENTES

- 200 ml de vinagre de arroz
- 50 g de azúcar
- 20 ml de sake
- 1 cdita. de jengibre fresco rallado

PREPARACIÓN

Mezclar todos los ingredientes en un bol profundo y batir a mano para que se integren bien. Verter la mezcla en un ollita y cocinar a fuego lento hasta que la salsa se reduzca y alcance una consistencia espesa. Retirar del fuego y reservar.

Esta es una salsa para abrillantar carnes a la parrilla.

[RECETAS]

7.

Demi glace

INGREDIENTES

- 2 kg de huesos de carne, para caldo
- 4 zanahorias grandes, peladas y en rodajas
- 2 morrones verdes, limpios y en cubos grandes
- 1 cabeza de ajo, con los dientes pelados
- 4 tomates maduros, limpios y en trozos
- 1 ramo de tomillo
- 1 ramito de romero
- 1 botella de vino tinto sin madera
- 1 l de agua
- Sal y pimienta, a gusto

PREPARACIÓN

Calentar el horno a 200 °C. Asar los huesos de carne hasta que estén dorados. Retirar y reservar sin apagar el horno. En una placa o asadera, disponer los vegetales limpios y cortados junto con los huesos de carne. Cocinar en el horno hasta que la verdura esté bien dorada (no quemada).

Retirar los huesos y los vegetales de la placa y colocarlos en una olla profunda y de fondo grueso. Agregar las hierbas aromáticas (tomillo y romero), salpimentar y cubrir con el vino tinto y el litro de agua.

Cocinar a fuego lento, mezclando suavemente, hasta que la preparación se reduzca a un tercio de su volumen. Esta cocción lenta hará que se concentren los sabores.

Una vez obtenido el caldo, dejar enfriar y colar antes de utilizar.

8.

Endiablada

INGREDIENTES

- 1 cebolla, en cubos pequeños
- ½ morrón verde, en cubos pequeños
- ½ morrón rojo, en cubos pequeños
- 2 dientes de ajo, picados
- 2 cdas. de aceite de oliva
- 1 rama de tomillo, picada
- 1 cdita. de ají molido
- 10 gotas de salsa tabasco
- 100 ml de tomate triturado en lata
- 100 ml de salsa demi glace (en esta página) o caldo de carne casero, concentrado
- Sal y pimienta negra, a gusto

PREPARACIÓN

Rehogar la cebolla, el morrón y el ajo en una sartén caliente con aceite de oliva. Salpimentar, agregar el tomillo, el ají molido, la salsa tabasco y rehogar unos minutos hasta que los vegetales se ablanden sin llegar a dorarse.

Agregar el tomate en lata y la salsa demi glace, salpimentar y mezclar bien. Cocinar 10 minutos y servir.

Es una salsa que acompaña muy bien carnes a la parrilla, al horno o a la plancha.

La Cabrera, casa de carnes. | 177

Salsas

9.

De yogur

INGREDIENTES

- 4 potes de yogur (natural o griego)
- Jugo de 1 lima
- 1 ramita de menta fresca, finamente picada
- 1 diente de ajo, finamente picado
- 2 cdas. de aceite de oliva extravirgen
- Sal y pimienta, a gusto

PREPARACIÓN

En un bol, mezclar el yogur con el jugo de lima, la menta, el ajo y salpimentar. Verter el aceite de oliva y mezclar bien hasta lograr una salsa homogénea.

10.

Chimichurri

INGREDIENTES

- 4 cdas. de pimentón dulce
- ¼ taza de ají molido
- ¼ taza de orégano seco
- 1 cda. de tomillo seco
- ½ taza de agua caliente
- ½ taza de vinagre de alcohol
- 2 tazas de perejil picado
- 4 dientes de ajo, picados
- Ají picante fresco, picado (a gusto)
- 1 taza de aceite de oliva
- 1 taza de aceite de girasol
- Sal fina y pimienta, a gusto

PREPARACIÓN

Mezclar en un bol el pimentón dulce, el ají molido, el orégano, el tomillo y el agua caliente. Dejar reposar 10 minutos.

Añadir la sal fina, la pimienta y el vinagre de alcohol. Agregar el perejil, los dientes de ajo y el ají picante fresco, todo picado. Mezclar bien.

Incorporar el aceite de oliva y el de girasol. Colocar en una botella, tapar y conservar en la heladera hasta un mes.

[RECETAS]

11.

Pesto rojo

INGREDIENTES

- 2 tomates frescos o morrones rojos
- 50 g de tomates secos, hidratados en aceite
- 2 dientes de ajo, pelados
- 100 g de queso parmesano, rallado
- 250 ml de aceite de oliva extravirgen
- Sal y pimienta, a gusto

PREPARACIÓN

Cortar los tomates o morrones rojos (en este último caso, retirar las nervaduras y las semillas). Machacarlos con un mortero junto a los tomates secos hidratados, el ajo y el queso, vertiendo, de a poco, el aceite de oliva. Mezclar y salpimentar. Continuar machacando con el mortero para unir todos los ingredientes; revolver hasta emulsionar bien y lograr una salsa cremosa.

Esta preparación puede hacerse con una minipimer, pero al machacar con el mortero se obtienen los aceites esenciales de los ingredientes, y con ello un sabor más intenso.

12.

Criolla

INGREDIENTES

Versión tradicional
- 1 morrón, sin nervaduras ni semillas y en brunoise
- 1 cebolla, en brunoise
- 1 diente de ajo, bien picado
- 1 tomate, en cubitos
- 1 taza de buen vinagre de vino
- 2 tazas de aceite de oliva extravirgen
- 1 cda. de pimentón dulce
- Sal y pimienta, a gusto

Versión La Cabrera
- 1 manzana verde, pelada, sin el corazón y picada
- 5 portobellos, limpios y en cubitos

PREPARACIÓN

Para la versión tradicional, mezclar en un bol el morrón, la cebolla, el ajo y el tomate. Condimentar con buen vinagre de vino, aceite de oliva, sal, pimienta y pimentón dulce. Mezclar y rectificar la sazón.

Para la versión La Cabrera, añadir a la mezcla anterior la manzana verde y los portobellos.

La Cabrera, casa de carnes. | 179

Salsas

13.
Pesto

INGREDIENTES
4 porciones

- 1 diente de ajo, pelado
- Granitos de sal, a gusto
- 200 g de almendras, peladas
- 2 tazas de hojas de albahaca
- 100 g de queso parmesano, rallado
- 200 ml de aceite de oliva extravirgen
- Sal y pimienta negra de molinillo, a gusto

PREPARACIÓN

Machacar el diente de ajo con los granitos de sal en un mortero. Agregar las almendras peladas, las hojas de albahaca y continuar machacando.

Incorporar el queso, el aceite de oliva, integrar bien los ingredientes y salpimentar. Continuar mezclando hasta lograr la consistencia deseada.

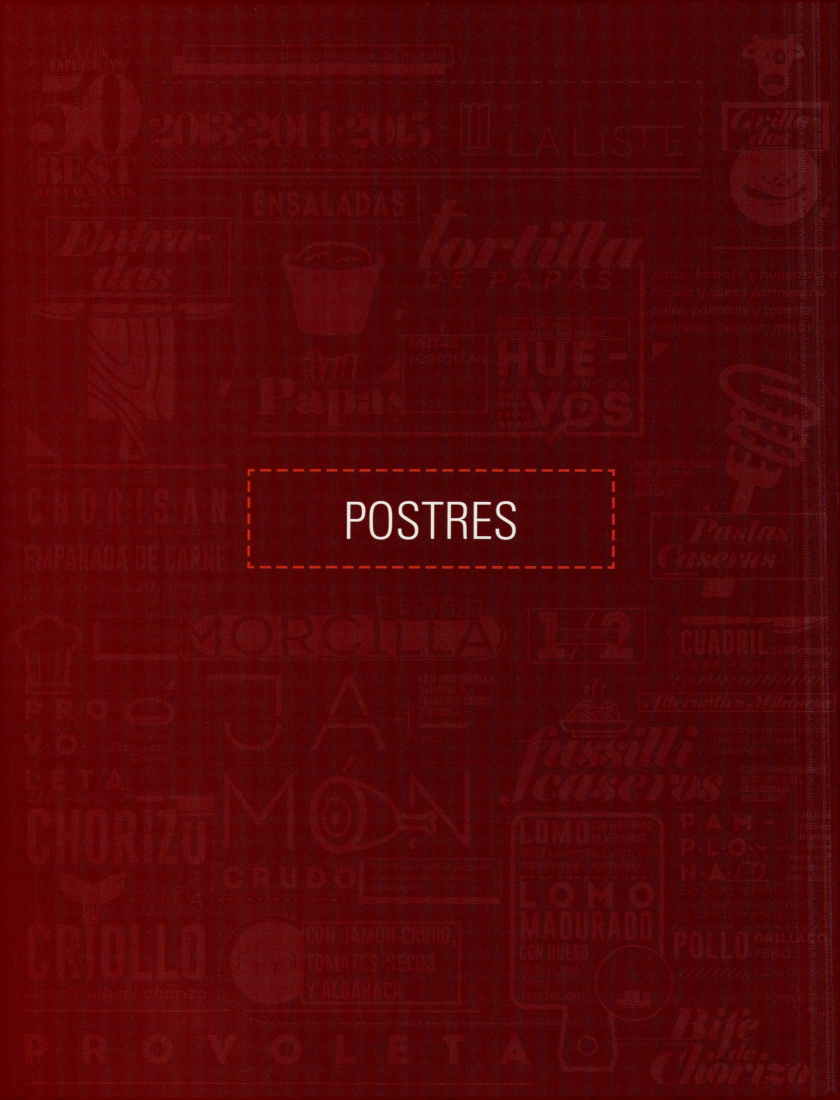

[RECETAS]

Trío de crème brûlée **1.**
página 187

Tarta de manzanas con masa frola y costra crocante **2.**
página 188

Curd de limón y chocolate blanco con frutos rojos y helado **3.**
página 193

Panqueques con dulce de leche **4.**
página 195

Flan de vainilla **5.**
página 197

Mousse de dulce de leche **6.**
página 199

Volcán de chocolate, chocolate lava **7.**
página 201

La Cabrera, casa de carnes. | 183

Ese gran sueño

Conocí a Gastón cuando estudiamos juntos en la escuela de cocina de Alicia Berger. Él tenía sólo dieciséis años y yo, cerca de veintiocho. Luego de finalizar los cursos dejé de verlo por un tiempo. Recuerdo que hace muchos años me contrataron para realizar los postres en un restaurante llamado La Brasserie de Las Leñas. En mi primer día de trabajo, al ingresar a la cocina, me presentaron al chico que se encargaba de amasar las pastas. Ese chico era Gastón. A partir de ese momento nos hicimos muy amigos y seguimos siempre en contacto aunque estuviésemos trabajando en diferentes restaurantes.

Ya desde muy joven Gastón mostraba una gran pasión por la cocina. Tenía ideas muy creativas, una gran facilidad para llevarlas a la práctica y hacerlas atractivas para la gente. Es un innovador permanente que no se queda con una visión estática de las cosas sino que siempre está atento a cómo sorprender e incorporar cosas nuevas. Me di cuenta de que una vez que sumara la experiencia necesaria iba, tarde o temprano, a tener su propio restaurante. La Cabrera es su gran sueño hecho realidad y una verdadera casa de carnes de nivel internacional.

Nuestra amistad nos llevó a compartir muchos viajes en los que buscamos ideas inspiradoras tanto para las carnes como para los postres. Estar actualizado con las últimas tendencias de lo que sucede en el mundo de la cocina es muy importante para seguir creciendo.

Me acuerdo que apenas abrió La Cabrera, Gastón me convocó para que lo ayudara con algunas cosas. Al comienzo, ¡su madre hacía el flan y yo el brownie de chocolate y la tarta de manzanas! Hoy esto sería imposible, por el volumen de clientes que tiene, pero sí continúo colaborando con la supervisión de los postres. Creo que una casa de carnes argentina, como lo es La Cabrera, debe centrarse en el sabor y en la textura de los platos, sin ser demasiado sofisticada en cuanto a la decoración y a la presentación.

A la hora del postre, los clásicos porteños son los que funcionan mejor. Al ser una parrilla muy frecuentada por extranjeros, el panqueque de dulce de leche y el surtido de helados son de los más buscados. Le siguen el flan, la tarta manzanas, el volcán de chocolate y el tiramisú. Son los que más salida tienen y los que más nos representan a los argentinos luego de un rico asado.

Osvaldo Gross
Chef pâtissier

Osvaldo Gross nació en Esperanza, provincia de Santa Fe, Argentina. Es licenciado en Geoquímica por la Universidad Nacional de La Plata. Con el tiempo se volcó al estudio del arte de la Pastelería en las mejores escuelas de Argentina y del mundo, convirtiéndose en un chef pâtissier reconocido a nivel internacional. Trabaja en los más prestigiosos restaurantes y hoteles del país y de Europa. Conduce diferentes programas de televisión. Es titular del área de pastelería del Instituto Argentino de Gastronomía (IAG).

[RECETAS]

Trío
de crème brûlée

1.

postres

INGREDIENTES

6 porciones

- 250 ml de leche
- 250 ml de crema de leche
- 1 vaina de vainilla
- 8 yemas
- 250 g de azúcar blanca
- 1 cda. de pasta de pistachos
- 1 cda. de café instantáneo
- 1 cda. de chocolate amargo fundido
- 100 g de azúcar rubia

PREPARACIÓN

Calentar la leche junto con la crema de leche y la vaina de vainilla abierta por el medio, a lo largo. Dejar la vainilla en la infusión durante 15 minutos y retirarla.

Batir las yemas con 150 gramos del azúcar blanca hasta que se empalidezcan. Agregar la mezcla anterior todavía tibia. Colar para retirar impurezas del huevo.

Dividir la preparación en tres partes.

Saborizar una con la pasta de pistachos, otra con el café y la tercera, con el chocolate.

Distribuir todas las cremas en moldes de cerámica o de vidrio térmico, de 5 o 6 centímetros de diámetro (disponer un solo sabor en cada recipiente).

Cocinar en horno superbajo (105 ºC) a baño María entre 10 y 15 minutos, o hasta que la crema comienza a tomar consistencia de flan, cuando se coagula en los bordes y el centro aún queda líquido. Retirar del horno y del baño María. Pasar inmediatamente a la heladera para que el calor de la misma preparación no la siga cocinando.

En el momento de servir, espolvorear con una capa de la mezcla de azúcares (100 gramos de azúcar blanca sobrante y 100 gramos de azúcar rubia) y quemar con un soplete, con una plancha caliente o bajo el calor de un grill hasta que el azúcar se funda.

Servir de inmediato.

La Cabrera, casa de carnes. | 187

Tarta de manzanas con masa frola y costra crocante

INGREDIENTES

8 porciones

para la masa frola

- 200 g de manteca pomada (ablandada a temperatura ambiente)
- 120 g de azúcar
- Ralladura de ½ limón
- ½ cda. de esencia vainilla
- 2 huevos
- 400 g de harina 0000
- ½ cdita. de sal
- 15 g de polvo para hornear

para el relleno de manzana

- 200 ml de jugo de manzana o agua o vino blanco
- 150 g de azúcar
- 10 ml de jugo de limón
- 1 kg de manzanas verdes o amarillas, peladas, despepitadas y en cubos de 1 cm de lado
- 50 g de dulce de damasco
- 50 g de manteca
- 50 g de pasas de uva sin semillas
- 1 pizca de canela
- Azúcar impalpable, para espolvorear, c/n
- Helado de crema, para acompañar (opcional)

[RECETAS]

2.
postres

PREPARACIÓN

Para la masa, batir la manteca pomada con el azúcar hasta blanquear la preparación. Perfumar con la esencia de vainilla y la ralladura de limón. Integrar los huevos de a uno hasta obtener una crema.

Tamizar la harina con la sal y el polvo para hornear y hacer una corona con esta mezcla seca. Colocar el batido en el centro e integrar sin amasar hasta homogeneizar.

Formar un cuadrado con la masa, envolverlo con papel film y llevar a la heladera por una hora. Se puede conservar hasta 3 días en la heladera o 2 meses en el freezer.

Esta masa puede confeccionarse íntegramente en una procesadora incorporando los ingredientes en el mismo orden.

Para el relleno, colocar en una olla amplia o sartén el jugo de manzana, el azúcar y el jugo de limón. Llevar al fuego hasta el primer hervor y agregar las manzanas, el dulce, la manteca y las pasas. Cocinar por algunos minutos, a fuego vivo, hasta que las manzanas se tiernicen, sin reducirse a puré. Retirar del calor y agregar la pizca de canela.

En caso de que el relleno quede muy líquido, puede añadirse una cucharada de almidón de maíz o de polvo para flanes, hidratado en dos cucharadas de agua fría.

Enfriar a temperatura ambiente.

Para el armado, estirar $2/3$ de la masa y forrar la tartera. Pinchar el fondo con un tenedor y disponer el relleno de manzanas frío o tibio encima.

Con el tercio de masa restante, hacer grumos con la mano y colocarlos sobre la tarta. Espolvorear con azúcar impalpable.

Hornear a temperatura moderada (175 ºC) por 40 o 50 minutos. Retirar del horno y dejar entibiar. Si se desea, servir con helado de crema.

La Cabrera, casa de carnes. | **189**

"A Osvaldo lo conozco desde los dieciocho años. Estudiamos, trabajamos y crecimos juntos. Es mi amigo, un gran consejero y una persona muy importante para el equipo de La Cabrera. Es un orgullo contar con la participación de quien es para mí El pastelero de América".

[RECETAS]

Curd de limón y chocolate blanco con frutos rojos y helado

3.
postres

INGREDIENTES
6 porciones

para los frutos rojos
- 200 ml de agua
- 200 g de azúcar
- 1 cda. de hojas de menta
- 1 cdita. de pimienta verde o negra en grano
- 250 g de puré de frutillas
- 200 g de frutos rojos (frambuesas, frutillas, arándanos, grosellas)

para el curd de limón y el chocolate blanco
- 60 g de yemas (3 u)
- 1 pizca de sal fina
- 75 g de azúcar
- 125 ml de jugo de limón
- Ralladura de 1 limón
- 60 g de manteca
- 150 g de chocolate blanco, picado muy fino
- 300 ml de crema de leche

PREPARACIÓN

Para los frutos rojos, hervir el agua con el azúcar, la menta y la pimienta por 2 o 3 minutos. Retirar y dejar enfriar. Colar el líquido y mezclarlo con el puré de frutillas y los frutos rojos. Dejar macerar 1 o 2 horas en la heladera.

Para el curd de limón, mezclar en un bol las yemas, la pizca de sal, el azúcar, el jugo y la ralladura de limón. Colocar sobre baño María y cocinar hasta que comience a espesarse.

Fuera del fuego, incorporar la manteca y batir manualmente la preparación hasta que se vuelva una crema lisa y brillante.

Agregar el chocolate blanco picado, mientras se continúa batiendo para que el chocolate se funda y la preparación quede lisa. Pasar por un tamiz para retirar las impurezas. Enfriar a temperatura ambiente.

Batir la crema de leche a medio punto e incorporarla, con movimientos envolventes, a la crema de limón.

Enfriar 2 horas en la heladera antes de utilizar (puede guardarse hasta 24 horas refrigerado).

Servir en copas con los frutos rojos y algún helado o sorbete frutal.

[RECETAS]

Panqueques
con dulce de leche

4.

postres

INGREDIENTES

6 porciones

- 300 ml de leche
- 2 huevos
- 50 ml de crema de leche
- 120 g de harina
- 2 cdas. de aceite de maíz
- 1 pizca de sal fina

- Manteca, para la sartén, c/n
- Dulce de leche común, para el relleno, c/n
- Azúcar común, para espolvorear, c/n
- Helado de crema americana y salsa de chocolate amargo, para acompañar (opcional)

PREPARACIÓN

Para la masa, licuar todos los ingredientes hasta obtener una masa lisa y dejar reposar en la heladera, tapada, por una hora o un máximo de 3 días.

Calentar una sartén para crepes y enmantecarla. Verter una porción de mezcla y mover la sartén para lograr un panqueque delgado. Cocinar unos minutos de un lado y apenas unos segundos del otro.

Disponer los panqueques apilados en un plato. Untarlos con una capa fina de dulce de leche y doblarlos en cuatro como un pañuelo o bien enrollarlos (como en la foto).

Espolvorear con azúcar común por encima y, si se quiere, marcarla con un hierro caliente para caramelizarla.

Se puede servir con helado de crema americana y salsa de chocolate amargo.

Otra opción es calentar un poco de ron en un cucharón, encenderlo pasándolo cerca de una hornalla y volcarlo sobre los panqueques.

La Cabrera, casa de carnes. | 195

[RECETAS]

Flan
de vainilla

5.
postres

INGREDIENTES
8 porciones

- 1 l de leche
- 1 chaucha de vainilla
- 8 huevos
- 4 yemas
- 220 g de azúcar
- Crema de leche batida con apenas de azúcar
y dulce de leche, para acompañar

para el caramelo
- 200 g de azúcar
- 100 ml de agua

PREPARACIÓN

Para el caramelo, colocar el azúcar por cucharadas en una cacerolita de cobre, preferentemente, mientras se va calentando y fundiendo hasta obtener un caramelo oscuro. Calentar el agua, a primer hervor, y volcar sobre el caramelo. Atención: tener cuidado con las salpicaduras que produce; hacerlo con suma precaución. Verter el caramelo en un molde metálico o de vidrio térmico grande o en varios individuales y hacerlo correr para cubrir todo el interior. Reservar.

Calentar la leche con la chaucha de vainilla abierta a lo largo. Dejarla en remojo durante 15 minutos. Raspar la vaina de vainilla para desprender las semillitas y dejarlas en la leche para que le confieran el aroma al flan.

Integrar en un bol los huevos con las yemas y el azúcar. Sólo mezclar para desligar los huevos, no hay que batir. Añadir la leche tibia aromatizada y colar o tamizar para retirar impurezas.

Llenar los moldes hasta casi el borde y ubicarlos en una asadera con agua caliente.

Cocinar la mezcla a baño María, en horno suave (150 °C), hasta que la preparación cuaje. Para lograr una consistencia cremosa, cuidar que el agua del baño no hierva durante la cocción. Por el contrario, si se prefiere un flan con los clásicos "agujeritos", hornearlo con el agua hirviendo.

Retirar y dejar enfriar durante unas horas (lo ideal son 12) antes de desmoldar.

Servir acompañado con crema batida con un poco de azúcar y con dulce de leche.

La Cabrera, casa de carnes. | 197

[RECETAS]

Mousse
de dulce de leche

6.

postres

INGREDIENTES

8 porciones

- 5 yemas
- 2 huevos
- 90 g de azúcar
- 50 ml de agua
- 14 g de gelatina sin sabor
- 70 ml de agua
- 300 ml de crema de leche
- 200 g de dulce de leche heladero
- 2 cdas. de coñac
- Galletas de chocolate o coco y láminas de chocolate, para decorar (opcional)

PREPARACIÓN

Batir con batidora eléctrica las yemas con los huevos y una pizca del azúcar hasta lograr una espuma firme.

Colocar en una cacerolita el resto del azúcar con los 50 ml de agua y hacer un almíbar a 120 ºC.

Volcar el almíbar sobre el batido de yemas mientras se continúa batiendo hasta que alcance temperatura ambiente (se formará una especie de sabayón).

Hidratar la gelatina con los 70 ml de agua y fundirla a baño María hasta que esté transparente o en el microondas hasta que se disuelvan los granos de gelatina por unos 20-30 segundos.

Mezclar la crema de leche con el dulce de leche heladero y el coñac. Batirla a ¾ punto o hasta cuando el batidor comienza a dejar huellas que no se deshacen.

Unir el sabayón con el batido de dulce de leche y la gelatina, con movimientos envolventes.

Disponer la mousse en copas y decorar con coco en escamas, galletitas de chocolate, láminas de chocolate o, como en la foto, con un cigarrillo de chocolate blanco marmolado.

La Cabrera, casa de carnes. | 199

[RECETAS]

Volcán de chocolate, chocolate lava

7.

postres

INGREDIENTES

6 porciones

- 6 yemas
- 100 g de azúcar
- 300 g de chocolate semiamargo, picado
- 120 g de manteca, en cubitos
- 6 claras
- 40 g de harina común

para el corazón

- 150 ml de crema de leche
- 50 ml de agua
- 45 g de manteca
- 100 g de chocolate semiamargo, picado
- 1 cda. de cacao amargo

para acompañar

- Salsa inglesa y helado

PREPARACIÓN

Para el corazón del volcán, calentar la crema de leche con el agua hasta alcanzar el primer hervor. Retirar del fuego y agregar la manteca en cubitos, el chocolate picado y el cacao. Formar una crema. Dejar enfriar y luego moldear esferitas de 3 cm de diámetro. O bien dejar entibiar, colocar la mezcla en una manga con pico de 6 mm y trazar esferas de 3 cm de diámetro. Congelar las esferas.

Para el volcán, blanquear las yemas (batirlas) en un bol con los 100 gramos de azúcar.

Fundir el chocolate a baño María con la manteca e incorporarlo a la mezcla de yemas.

Batir las claras a punto merengue y unirlas, con movimientos envolventes, a la preparación anterior junto con la harina.

Forrar los aros de metal (de 6 cm de diámetro y 6 cm de alto) con papel manteca enmantecado. Llenar con la mezcla hasta un centímetro antes del borde y hundir en cada cuerpo del volcán un corazón congelado.

Congelar los volcanes hasta que estén firmes. Luego, cocinarlos congelados en un horno precalentado a temperatura moderada (180 ºC) por 8 minutos.

Disponer el aro de metal en el plato. Retirarlo con cuidado y, finalmente, descartar el papel. Acompañar con la salsa inglesa y el helado elegido. Servir de inmediato.

La Cabrera, casa de carnes. | 201

[AGRADECIMIENTOS]

A la gran familia de La Cabrera,
por seguirme día a día y por ayudarme a concretar mis ideas.
A los productores y a los proveedores, indispensables.
Al equipo de edición y de producción de Editorial Catapulta.
A Eduardo Torres y a toda su gente.
A Osvaldo Gross.
A Guillermo Calabrese.
A Vistage Argentina.
A Juan y a Luis Barcos.

La Cabrera

The secret

A unique parrilla (Page 11)

My name is Gastón Riveira, I'm an Argentine cook and the founder of La Cabrera, a parrilla (steakhouse) that was born with the intention of expressing the heart of Argentine cooking: grilled meat. I'll tell my story in the first person throughout this book, from how I started out in the kitchen to how I realised the objective of the restaurant itself, how the dream that is La Cabrera came true. And how, with time and a great deal of work, we went from being a neighbourhood grill to having restaurants in different countries around the world, always with the goal of sharing our nation's cuisine.

Throughout my training as a cook in schools and restaurants in Argentina and other countries, I realised I wanted to prepare dishes that distinguish us as Argentine. Although our gastronomy is influenced by the cuisines of several countries, due to the wave of immigrants that we've welcomed over the past few centuries, beef is undoubtedly the fare that distinguishes us. And asado, our ritual of grilling, is what best symbolise it.

Grilling is part of our Argentine identity and in Buenos Aires few things are more representative of porteños, we city dwellers, than our parrillas. A Buenos Aires parrilla is a place to eat beef, of course, but it's also a place to meet with friends, colleagues or relatives.

Each parrilla has its own specialty, or an asador, grill chef, with a devoted group of diners and a reputation so respected that people come to sample his wares. Our city has food for all tastes and budgets. There are the classic carritos de la costanera, food carts set up along the river promenade where you can enjoy a sausage sandwich while strolling; they've been around since the 70s, well before the popularity of food trucks. There are pop-up parrillas, set up on street corners and pavements, which start out without a single customer but in a few days are surrounded by local workers (or laburantes, as we say in lunfardo, the city's slang). Then there are the 24-hour places, the salvation of taxi drivers who get hungry any time during their shift or those who've been up all night and are looking for something to eat as the sun is rising. And the list continues with neighbourhood parrillas: those that are a bit more pretentious, the famous ones with a long track record, or the fancier ones. All these, each with its

style, make up the Buenos Aires grilling scene. If I had any concept in my head when I decided to open La Cabrera, it was of upping the quality of the Argentine parrilla. But I was well aware that this was a huge challenge.

It wasn't easy when we started back in 2002. Argentina was just coming out of one of the worst financial crises in its history, and opening a restaurant in that circumstance added to the challenge. A new venture frequently needs time to gain people's confidence, and the first few weeks were hard, with more empty tables than we could have imagined. I remember the restaurant across the street was packed and I couldn't understand why ours wasn't. In times like that, one, as a culinary entrepreneur, formulates several hypotheses, considers alternatives, wonders what's being done wrong and so on. I remember having some such thought one day and declaring to my wife Ximena: "It's the stemware. People aren't coming because the tall wine glasses put them off. Let's buy some smaller ones." We were set with the change, at the checkout, when Ximena had to do a juggling act to pay for the glassware without us having any cash. Of course the glasses aren't the reason we started doing well, but now, looking back, we tell it as a funny anecdote when a new place is at a loss as to how to how to attract customers. I also remember another anecdote with a dear customer, Néstor, who still comes to this day. Two months after opening the restaurant, he sat at one of our tables, called the waiter over and ordered ... gnocchi! We didn't have it on the menu, but then, suddenly, I realised that it was the 29th! The day Argentines traditionally eat gnocchi. Anyway, after receiving the order, I whipped some up that luckily our client loved. These are things we need to do…

What was perfectly clear to me was that I wanted to transform La Cabrera into something unique, something that would distinguish it from the typical Buenos Aires parrillas, not just for the quality of our product but also to give people a unique and unforgettable sensory experience. That's when I decided to think as my clients would. What would I like to eat? How would I like to eat it? Where would I like to sit? How would I like to be treated? What things would I like to see in the surroundings?

That's how we went about setting up the restaurant. And

based on that philosophy we continue making changes to it because there's always something that can be improved. Today, I think one of the things that made and continues to make La Cabrera successful is the new grilling concept we introduced. Actually, I like to define it more like a casa de carne, house of beef.

Our meats (Page 15)

I'm convinced that to make quality cuisine, you have to know the origin of the products you use. That is the first and greatest secret of fine cooking. A cook should use what's local, get to know the people who are producing, their land and their raw materials.

Where does our beef come from? What are the best breeds of cattle? How important is the type of feed our animals eat? I thought investigating these issues was the first step in setting La Cabrera apart from other parrillas. I met with producers, I expressed interest in animal breeding and I visited various meatpacking facilities. This education allowed me to knowledgeably determine what kind of beef I wanted served in the restaurant. So I chose the cuts I knew would integrate most suitably into the menu of a high-quality steakhouse. La Cabrera's meats are all specially selected and come from the finest Angus, Hereford and Wagyu.

I came to understand that our culture has been suffused with beef since the middle of the 16th century when the first Iberian cattle were shipped over, the antecedents of our local breeds. Then came genetic improvements of the English breeds, principally Angus, Shorthorn and Hereford, which were introduced here in the 19th century. The forms of beef production and preservation were also undergoing various changes in accordance with the development of different technologies. Production went from longhorn cattle, mainly used for tallow and leather, to cattle breeding ranches that supplied local and international markets, though for a long time that was almost exclusively England. At the same time, advances in food conservation led to important techniques ranging from salted meat in the 18th century to freezing in the 19th century, and then, in the 20th century, to refrigeration and wet aging, which is done in vacuum-sealed plastic bags over a period of four to 10 days in climate-controlled rooms. The most outstanding technical innovation for meat in the 21st century is the improvement to the older process of dry aging, done in finely regulated, climate-controlled cold rooms. At La Cabrera, we undertake dry-

ageing ourselves over a period of 12 to 15 days right in the restaurant. During that time, naturally occurring enzymes break down muscle tissue and moisture evaporates, resulting in more tender meat and concentrated flavour. Using this technique, our porterhouse and bone-in ribeye steaks are served juicy on the inside and golden on the outside, with all the flavour imparted by the bone. The quality of the meat we serve and our own aging technique is our own first and greatest secret.

Even though Argentines are rightfully recognised as among the largest beef consumers per capita in the world, since the 19th century we have actually reduced our consumption. To put it in perspective, in the 19th century we ate the most beef per capita on the planet (between 220 and 300 kilos per year!), but in the 1950s consumption dropped to an average of 90 kilos per year; it's now closer to 60 kilos, a figure that keeps us comfortably among top consumers such as Uruguay, Brazil, Australia and the United States.

Consequently, we've diversified and elaborated how we cook meat. That, turning again to the restaurant, is our second secret: how we grill. We use a mixture of charcoal and wood at La Cabrera, combining the heat of the first with the fragrant smoke of the second. I still enjoy experimenting, trying out different things. One of them is grilling with different types of wood, which, importantly, is well stored and dry. The most commonly available in Buenos Aires are espinillo (a flowering tree), a highly recommended firewood that ignites quickly and maintains a stable ember; red quebracho, a hardwood that takes a while to burn but its embers are long lasting; ñandubay (a type of mesquite), which has similar ember properties as espillo; and white quebracho, which isn't a good choice for grilling since it burns too quickly with too big a flame and doesn't generate enough embers. Another interesting aspect to firewood diversity is the aromatic factor. Although the aforementioned varieties lend the unmistakable taste of wood grilling to meats, there are some woods that, though more difficult to source, are more aromatic, such as vine shoots, olivewood and applewood, whose smoke manages to penetrate the meat, imparting a unique flavour. I also like to start with a bed of charcoal, and once it's well arranged under the grill we'll throw on some woodchips that will burn slowly on the embers and the resulting smoke will flavour the meat as it grills.

Regarding charcoal, in this country it's best to buy bags labelled "selected" or "special", which are usually made from hardwoods and come in large chunks that produce

ANGUS - This breed originated in Scotland, more precisely in the areas of Aberdeenshire and Angus. In Argentina it's known as Aberdeen Angus or simply Angus. The cattle are largely black but sometimes red in colour. The first animals arrived in our country at the end of the 19th century, imported by Argentine rancher Carlos Guerrero. The breed became popular due to its high-quality meat, ease in fattening and adaptability to the Pampas, Argentina's lowlands. **(Page 15)**

longer-burning embers. Charcoal that sparks a lot when burning it is a sign with poor quality.

The amount or intensity of heat needed for cooking varies according to each cut but, as a general rule, a strong and constant level of flame helps caramelise the meat, which is very important in ensuring the meat is properly roasted and not "boiled" on the grill. A common technique to determine if the flame is right is placing the palm of your hand just above the grill without touching it; it should take four or five seconds before you need to withdraw your hand from of the heat. The ideal distance between the embers and the grill is 15 centimetres, about six inches.

When the meat is cooked, it's best to let it rest off the heat for a few moments to balance its juices. This is how our steaks and other cuts arrive at the table. Our guests are always surprised when an 800-gram steak arrives at their table... grilled to perfection!

One of the characteristics that distinguishes Argentines in the way we eat beef from the rest of the world is, on the one hand, the way the animal is butchered. For us, almost every muscle in the animal is a different cut, whereas in other countries it's common for a smaller number of cuts to be sold and the rest minced and used for hamburgers or meatballs. And, on the other hand, in Argentina all the offal, achuras in Spanish, are eaten, nothing is wasted. At La Cabrera, too, crispy heart sweetbreads (pancreas, really), veal kidneys with Provençal butter, and crispy lamb chitterlings, among others, are ideal appetizers before the main meat dish.

I always thought a steakhouse should offer different types of product, not be limited to a narrow few, as a way to enrich the culinary concept and satisfy different of palates.

That's why, along with traditional Angus beef, we've added cuts from Wagyu, a traditionally Japanese breed produced in Argentina, also known as Kobe. Its main characteristic is the high concentration of intramuscular fat, which gives it unique marbling and a very special flavour. Words don't do justice to our Wagyu rib eye, you've got to try it. People often talk about a tender cut that "melts in your mouth". Well, Kobe beef actually does melt in your mouth.

Personally, La Cabrera is a creative space where I can express myself and experiment with new dishes, but it's also a place where I let myself enjoy revising classic dishes I'm really passionate about. That's why I was sure to include classic chicken and pork dishes in our menu. In the past two years the consumption of pork (approximately 15 kilos per capita per year) and chicken (45 kilos) has grown so much that if we add the two annual per-capita consumption figures, it's practically equal to beef consumption. Due to this trend, and their extraordinary flavour, I decided to make some dishes that break the mould of typical grilled chicken or a pork sandwich. For

instance, our chicken with smoked cheese and tomatoes or the grilled pork with bacon dishes, among others, are delicious and popular with our diners.

When we opened La Cabrera, there was a big deal over salad bars. I never liked the idea of having to get up from the table every time you wanted salad or some side dish and having the meat get cold. So, beyond the different, original salads we offered, we had the idea of serving special side dishes in cazuelitas (ramekins) in nature's own colours: the green of the pastures, the warmth of the sun and dark earthtones. We wanted to offer something more than a typical mixed salad (tomato, lettuce and onion) or French fries, freeing us to play with new combinations. That's how we arrived at the pumpkin purée with raisins, garlic confit, black pudding pie, baby corn, mashed potatoes with grainy mustard, and tomato confit with black olives among many other sides that we've offered over the years that have became a hallmark of the house, accompanying our meats at each table in the dining rooms. The cazuelitas are already a symbol of La Cabrera and a secret shared throughout the world.

It was my love and respect for our tavern culture, so closely linked to the Italian immigrants of the 19th and early-20th centuries, that convinced me I had to offer pasta. Though La Cabrera is undoubtedly a steakhouse, it also has the spirit of a cantina that reminds me so much of my family and handmade pasta. Perhaps that's why more than a few guests order the homemade fusilli or the mozzarella and ham ravioli.

One of our slogans is that you should never see the "top" of the table or any empty spaces. It should always be covered by meats, salads and cazuelitas!

It's difficult to think of enjoying beef without wine in Argentina. And the fact is that those who dine with us will usually look to a Malbec, our iconic national red wine. In around 1862, the governor of San Juan province, Domingo Faustino Sarmiento, assigned the French agronomist Michel Pouget to introduce strains of French grapevines in order to boost the development of local agriculture. Malbec was one those varietals. Argentine Malbec has different characteristics according to its area of origin, altitude, soil composition, climate and the method employed in its vinification, but its tannic structure, freshness, acidity and its marked fruit flavour result in a wine that pairs perfectly our meats. But it's not all Malbec; Argentina also produces splendid blends and Cabernet Sauvignon that are excellent complements to grilled beef. Our cellar has a selection of labels that come from the most renowned wineries in the country, and we regularly consult prestigious sommeliers so our wine list reflects the country's dynamic and exciting wine industry.

The culinary experience we offer at La Cabrera deserves a memorable, top-notch finish. That's why we relied on advice from Osvaldo Gross, one of the best pastry chefs in the country, to create our dessert menu. I met Osvaldo many years ago when we were studying together at Alicia Berger's cooking school and we became friends. He knew how to interpret my desires better than anyone: classic desserts that were consistent with the menu but with a measure of surprise, a touch of magic. Homemade ice cream served with colourful cones, pistachio cheesecake, hot brownie praline with crème anglaise and even the flan and crème brûlée are examples of how tradition and innovation can be united. We try to accomplish with our desserts what we do with our dishes: make them delicious, fun and surprising.

Everything our diners experience at La Cabrera, from the moment they arrive to the moment they leave, is designed to connect them with the desire and the pleasure of eating.

A porteño composition (Page 44)

When I started planning my restaurant, one thing I believed to be fundamental was creating an atmosphere that would astonish our guests but, at the same, be warm and familiar, which wasn't quite so easy at first. When I opened the premises in what had been an old bar, I had to put the place in order. This was my grand project. I put in all my energy and money into fulfilling this dream. Then, when I thought everything was ready for opening, I realised we didn't have any decorations! The walls looked as immaculately bare as a large white canvas. Fortunately, my wife managed to get artist Kiki Lawrie to hang some of her works, improvising a gallery. Where we found a void, we filled it with ideas and objects. My wife added the suitcase and hats her grandmother arrived with from Spain, and I added some furniture my grandfather handcrafted.

It occurred to me to make use of worn plates by offering them to our guests so they could write comments directly on them about their experience, how they enjoyed dining with us. That's how we started. Today, when customers enter the restaurant for the first time, they're surprised to see paintings by well-known artists, plates signed by all kinds of celebrities, and old objects. It's an environment that combines Buenos Aires' immigrant past with its cosmopolitan urban spirit. The music and our staff's warm reception complete the atmosphere of the restaurant. Waiters, going back and forth, sing out the orders, naturally integrating the movement of the room and bridging the conversations from each table.

The school (Page 48)

When I opened the restaurant on the corner of Cabrera and Thames, we had a familial organisation: my mother, my father, my sister and my wife collaborated on different tasks and positions. My father selected vegetables from the central market (as he still does today), my mother helped with some desserts, my wife was the cashier and I was on the grill. We also had two waiters and a kitchen helper. Now, there are about 100 of us who work at La Cabrera daily. In order to meet the restaurant's staff demand and maintain its excellence, we need to train staff constantly. This is how the La Cabrera school project started, where the staff learns about cooking techniques, front-of-house protocol, and language training using our own materials and at ongoing training courses at the leading culinary training institutions in Argentina. Our team is composed of both young and experienced waitstaff who easily navigate the menu, and they're always ready to explain each of meat to clients and suggest how each cut is best prepared. This is the added-value part of the La Cabrera experience.

It's important that people understand that La Cabrera is not just about me, but the entire enormous, wonderful team, and it allows me to value the people I work with, giving them the opportunity to advance and train for the trade. I tell everyone we are ladies and gentlemen attending ladies and gentlemen.

Every detail is important so it's essential to act professionally, but with joy and good spirits so that our people feel at home. This is how we all together create a big family that pushes ahead – and, yes, sometimes we push hard – so that everything works as it should.

The evolution of the menu (Page 52)

Over the years we've modified the dishes we offer. When creating a restaurant menu, there's little certainty about which dishes will be successful and which ones won't be. In the beginning, for example, La Cabrera's menu included a duck confit finished on the grill and a leg of pork for two, marinated in brine then roasted. To my surprise, neither had much turnover, so I slowly pushed them off the menu. Quite the opposite happened with the grilled corte americano, beef short ribs, which is our bife de chorizo (sirloin) cut across its length with the bone. Not only was it immediately successful, but to this day it's one of the most popular dishes in the restaurant's history. We're currently introducing our guests to chipá (a small cassava starch and cheese bread from Paraguay and Argentina's northeast) with the hope that they'll become accustomed to it. We put some out at each table so, little by little, they will find their place.

Another factor that has influenced menu changes was taking local produce, other than meat of course, into account. Recently, the most important chefs in the world have turned to a market cuisine inspired by seasonal products. This trend has led to a renewed appreciation of local produce and producers, and incorporating vegetables and varieties that have almost been forgotten. Many restaurants, including La Cabrera, stopped using imported products and started incorporating local and seasonal produce, strengthening the relationship between producers and cooks. This is how we begin paying greater attention to our cultural diversity and help to communicate it.

Crossing borders (Page 56)

Palermo, the neighbourhood where La Cabrera is located, has transformed into one of the main gastronomic centres of the city over the past two decades, with a wide variety of cuisines to choose from. You can find innovatively designed spaces, elegant and informal atmospheres, signature cuisine in taverns and restaurants, and people living in a neighbourhood that's very much alive and still growing. In 2005 we opened La Cabrera Norte, located a few metres from the corner of the original, in order to meet growing demand. We watched as La Cabrera suddenly ceased to be a place where only locals enjoyed a traditional yet innovative parrilla. Without intending to, we had become a must-visit destination for people from all over the world. I was walking with my family during a trip to Peru several years ago, and I remember my mother-in-law stopped to converse with an English tourist. Neither spoke the other's language but they managed to understand each other. The man told her that he'd be travelling to Buenos Aires the following week and my mother-in-law, being friendly, offered to recommend some places to dine. The Englishman, taking a paper from his pocket, told her that he had already been told where to eat beef in Buenos Aires. And my mother-in-law was surprised to read the only two words on the paper: "La Cabrera". It was a very emotional moment. And all thanks to that famous word of mouth that continually crosses borders, leading us to occupy a prominent place in many of the world's tourist and gastronomical guides. Through all this effort, we've been chosen several times by the demanding jury from the UK's Restaurant magazine to rank among Latin America's 50 Best Restaurants.

In this difficult profession, nothing is more rewarding for a cook than watching his guests enjoy the food he's prepared. Or being told by the diners that they've enjoyed a very distinct experience. Or hearing them continue to talk about the positive experience as they're leaving. Many guests even feel transported back to childhood as they find themselves savouring the lollipop we offer at the end of the meal, and leave clapping and wanting to come back!

All this is about La Cabrera: people passionate about what they do and who put love and dedication into their work to provide the best experience for their guests. This is why, when I'm asked what La Cabrera is, I always say the same thing: we are menu, we are atmosphere and we are service.

The plate gallery (Page 61)

As anyone involved with restaurants knows, dishes are one of the first things that get worn out from use. They're always moved around, they get broken or scratched, and replacing them is a continual process. After a few months, perhaps a year after opening our first place, we had accumulated a good number of plates we'd taken out of service. I didn't know if there was a way to use them or if they should just be thrown out. One day, I had an idea: we'd let the customers write on them to share their thoughts on their dining experience. I remember, Teresa, a regular customer, was one of the first to sign one.

Soon we'd gathered quite a collection of signatures and comments from people from all over the world and began hanging them on the walls. There are so many now – we're talking about thousands upon thousands – that we had to establish a system: any customer who wants to share their experience or message should simply request a plate from the waiter. Once the plate is inscribed, we hang it then take a photo that's shared on La Cabrera's website or social networks. There are already so many, as I said, that we have to rotate them every six months!

The signatures from our regular customers hang on the walls of each of our restaurants, alongside those of well-known personalities from culture, fashion, journalism, sports and politics. That's why we set up a little Hall of Fame, which includes luminaries such as Argentina's Davis Cup champion tennis team (led by Juan Martín del Potro), top-ranking footballers such as David Beckham and David Trezeguet, New Zealand's All Blacks rugby team and even musicians Keith Richards and Ron Wood of the Rolling Stones. These are just a few of the celebrities who have honoured us with testaments about their visits upon the very objects on which we serve the products of our daily efforts.

Cuts (Page 24)

At La Cabrera, we work only with cuts of beef that I consider ideal for the grill.

Asado **(beef ribs),** with regard to beef cut, is the steer's ribs, of which there are 13 pairs. It plays the leading role at every Argentine barbecue (asado, the other usage of the word). The whole rack of ribs is available at the butcher's, whether it's the classic rib cuts (wide or thin) or "asado ventana" (window) that we serve.

Lomo **(fillet, tenderloin)** is located in the sublumbar region, next to the sirloin and rump cuts. It has an elongated and conical shape and can be divided into: butt, centre-cut, tail and cord. The whole lomo is very tender, as it's not a heavily worked muscle on the animal. At La Cabrera we offer it marinated, au poivre with vegetables on brochettes (skewers).

Cuadril (rump) is located at the rear and top of the animal's hindquarters. It borders, on the one side, the sirloin and fillet cuts, and, on the other, the silverside and thick flank. It's a mixed cut composed of several muscles, among which feature prime rump and rump roast (picanha). Right next to the rump is the well-known rump skirt (thick skirt). Our 600-gram steak is seared on both sides and served medium rare.

Bifes anchos (rib eye) are at the beginning of the series of cuts that run from the rib of beef to the T-bone and sirloin steaks. They consist of two parts: the flat iron steak and the rib eye. This cut owes its succulence to its greater fat content than the narrower cuts found further down the series. We offer a massive 700-gram chop (chuletón) at La Cabrera that's been dry-aged for 15 days.

Ojo de bife (boneless rib eye) is the deboned rib of beef without the cap, made up of two muscles. Its marbled intramuscular fat gives it a lot of flavour. It's become a new Argentine grill classic.

Bife de chorizo (sirloin) is the deboned rolled-sirloin. It's at the end of the series of steaks next to the rump. It's one of the most requested cuts from any Argentine parrilla. We offer it in two sizes at La Cabrera. We also offer it butterflied or dry-aged.

Asado corte americano (short ribs, flanken style) comes from cutting the rib joint into narrow inch-thick strips through the longest rib. It's one of our most popular cuts, and leaner than the other asado cuts.

Entraña (skirt) is the part of the diaphragm attached to the ribs. It's covered by a membrane that contracts when it's cooked on the grill, which is why it's advisable to cut small incisions into the membrane or remove it completely before grilling. Largely ignored for a time, in recent years it has been revisited and is now quite popular. It ends up being very juicy once on the plate.

Degrees of doneness (Page 28)

Blue rare *(Azul)*: At this point, the beef has been seared on both sides over high heat, with the interior remaining mostly raw and intensely red. The core temperature ranges from 46°C to 52°C. It's chosen particularly by our European and North American diners.

Rare *(Jugoso)*: Slightly more cooked than the blue, this point is characterised by having about 75 percent of the meat remaining raw. The core temperature ranges between 52°C and 55°C.

Medium rare *(Antes de punto)*: This is the preferred degree of doneness as the cut retains its juices. Seared, with 50 percent of the meat remaining red. The core temperature ranges from 55°C to 60°C.

Medium *(A punto)*: At this point the meat loses some juiciness and flavour. Only about 25 percent of the meat has a pink colour. The core temperature ranges from 60°C to 65°C.

Medium well *(Pasado de punto)*: Here, the steak is almost totally cooked except for a sliver of pink at the centre. The core temperature ranges from 65°C to 71ºC.

Well done *(Cocido)*: At this point the meat is completely cooked, the outside is greyish, as it's cooked over a lower heat for a longer time, while the interior is brown. The cut loses about 70 percent of juiciness and can even become tough. The core temperature exceeds 71°C.

Dry aging (Page 35)

When we receive our cuts of the finest selected Angus beef, we begin the process to make the meat even tastier and more tender: dry-aging. We use this method on T-bone, sirloin on the bone and *asado americano* (one-inch-thick strips of steak cut through the longest bone).

First, we put the unpackaged joints of meat inside our chambers to dry-age for about two weeks.

Both temperature (2°C) and air circulation are controlled.

There are blocks of Himalayan salt to aid the dry-aging process and decrease the ambient humidity inside the chamber (ideally 80%-85%).

This results in natural enzymatic and biochemical processes that help the meat develop a unique, concentrated flavour, in addition to becoming more tender.

Once the joints are at the right point in their dry-aging, our butchers cut them into ready-to-grill steaks that are sent to the restaurant.

The steaks (Page 38)

The primal cut *(tren de bifes)* is the basic section of meat from which steaks and other pieces are cut, and in which steak cuts vary.

Rib *(bifes anchos)*. At the start of the section, close to the front of the animal but behind the neck, are the broad steaks. If the blade and bone are removed from this subsection, yields beef shoulder (marucha or tapa) on one side and rib eye (ojo de bife) on the other.

Middle cuts, rib to short loin *(bifes medios)*. Further back on the prime cut are the steaks, such as boneless top loin, that transition between the broad and narrow steaks.

Narrow cuts *(bifes angostos)*. The steaks are narrowest at this end of the section. Here's where you'll find the famous T-bone, which contains tenderloin as it's at the tailend. Boning this cut yields another Argentine classic for the grill: sirloin steak (bife de chorizo).

La Cabrera, casa de carnes. | 213

Gastón Riveira

Passion for meat (Page 65)

Everything in my life was set out for me to become a lawyer. That was my parents' wish. A desire steeped in the hopes of the Argentine middle class to send their children to university, if possible, where they'd graduate to traditional careers such as law or medicine. A degree, they thought, would guarantee them a stable working life, economic mobility, a higher social status and the possibility of becoming a homeowner. I decided from a very young age that such a predictable life was not for me. I have an enterprising personality, a worker's soul and I'm somewhat hard headed! That's why my vocation lay elsewhere, closer to fire than to a lectern, closer to recipe books than law books, in Palermo rather than Tribunales. I didn't want to become a lawyer. I chose to be a chef.

I grew up in the Palermo neighbourhood of Buenos Aires. Palermo in the 1970s had at most three areas: Palermo itself, Viejo and Chico. There weren't the 10 or more sub-neighbourhoods that are referred to today, of which Soho and Hollywood are the most well known. Neither did glamorous restaurants, decor and fashion stores adorn its streets. In the old Palermo of my childhood, an immigrant neighbourhood if anything, there were corner shops, trade workshops and, here and there, a few places where families could eat. Among them all was my home, more precisely, at the intersection of Paraguay and Uriarte streets. It was like one of those casas chorizo, a sausage home, typical of the homes of Spanish and Italian immigrants in the early 20th century. These properties were so named as they are located on long narrow lots, with the rooms lined up in a row interconnected by a patio running alongside. When a family settled in one of these homes, it was common for their children, once independent, to build their own house in front of or behind the original on the same plot of land. In my case, that's how my family jigsaw puzzle came together: my grandfather's furniture shop at the front, then my grandparents' home, then in the middle was their workshop and in the back another family unit where my parents, my sister and I all lived.

The cornerstone of the most important things I've achieved so far was laid in the patio of that house. There we had a grill, the first I encountered in my life. On Sundays, my grandfather used to cook asados with heaps of sausages, chitterlings first boiled in milk, kidneys with garlic and parsley, and vacío (flank steak) with Roquefort and nuts. I stood at his side, watching him, and learned the basics that every grill chef needs to get started in the trade. Those Sundays where the whole family would meet showed me that there is no one right way to make an asado. Each cook has their own tricks and habits. There are those who believe they are the best and, as such, dole out all kinds of advice, those who play it quiet, those who always grill the meat the same way and those who like to try new techniques. Among the latter, I remember two uncles who used to visit my house on those Sundays and would occasionally man the grill. One of them turned the meat all the time, first one side, then the other, systematically. My grandfather made fun of him by saying he was going to make the meat dizzy. My other uncle never worried if the meat was too big for the grill. When that happened, blindly trusting in the efficacy of his trick, he used to roll up the vacío the same way as is usually done with matambre, a stuffed steak roll. Then he would take some toothpicks from the pocket of his shirt and pin the meat with them to stop it unrolling. All these techniques are, for me, valuable resources that a grill chef must always have at the ready.

My grandfather wasn't the only cook at home, my grandmother and my mother cooked too. Cooking is very much a family thing to me, something I inherited, which they passed on to me lovingly. When we weren't grilling, someone in the family might be found kneading pasta dough for, possibly, vegetable and brain ravioli. They used to tell me that the brains were cooked ham so that I wouldn't be put off eating them, although that had little effect: it isn't difficult to recognise the taste.

My grandfather's furniture workshop was an exciting place for me. It was crammed with differently shaped tools and pieces of wood that were fascinating for a child. I spent hours playing there with whatever I found. I remember the walls being full of objects hanging all over the place.

When I look back now I realise how much La Cabrera was influenced by everything I experienced in that house. For starters, it's essentially a grill house located in my childhood neighbourhood. The decoration, for instance, is inspired by my grandfather's furniture shop. La Cabrera is full of things that surprise those who come for the first time and those who regularly visit, because we're always adding new toys, antique objects, pictures and plates signed by customers who visit us each day. La Cabrera is, to some extent, a way of returning to my childhood, of keeping that casa chorizo alive.

My kitchen beginnings (Page 71)

Well before La Cabrera was even a thought, I'd already developed a certain fascination for the more traditional dishes of Buenos Aires gastronomy. Our cuisine, like many in the world, is a fusion influences bought by the diverse cultures that landed on our shores. As such, the most typical dishes are, sometimes, adaptations of originals from other countries. Tuco (an Argentine-style tomato sauce) with raviolis, milanesa (schnitzel) with an egg on top, bife de chorizo, lentil stew and potato omelette are over-present foods in any local eatery worth its salt. I have always had, as a gourmet, a lot of respect for our country's flagship dishes because of what they signify. However, one shouldn't treat them casually. They have to be done perfectly, with attention to detail and with the best quality ingredients.

I remember experiencing some uncomfortable moments due to my rigid ideas on the classics, like in elementary school where I was once told off by a teacher for saying the fruit salad was bitter, or in culinary school when I suggested accompanying some quail with a Russian salad and they looked at me like I was crazy. In Mar del Plata, Argentina's most popular seaside resort, where I used to go as a youngster, I fell forever in love with Neapolitan milanesas and pork flank seasoned with chilli powder and cooked for hours in tin foil, recipes that I always had in mind when it came to creating a menu.

My first job in gastronomy was at a restaurant called Don Juan, located in the Recoleta neighbourhood. I began as a dishwasher and saw up close how a professional kitchen operated. It's well known that the gastronomic world is not for everyone: you have to have passion for it and a lot of commitment to devote many hours a day to the profession. I was, however, amazed when I realised that this was my calling. Eventually I left the sink behind and started cooking. A cook on that team, who taught me the first secrets of restaurant cuisine, is now part of the team at La Cabrera.

During that time I decided that besides working in a restaurant I also wanted to study, so I enrolled in Alicia Berger's cooking school. She was a pioneer in Argentine gastronomy for both having trained at Europe's best institutes and for being one of the first – if not the first – to found an haute cuisine school in the country in the early 1980s. Many of Argentina's great cooks attended her classes. I met Osvaldo Gross in those classrooms, now one of Argentina's most important pastry chefs. We worked together at several restaurants and he's a great friend and a great professional. It's a source of pride for me that La Cabrera's dessert menu is approved by him.

Once I finished my studies, I immersed myself in the restaurant world. So much so, that in the morning I worked at La Bianca, run by the famous Gato Dumas, and at night at La brasserie de Las Leñas. Gato Dumas, another great pioneer of Argentine cuisine, left a deep impression on

me thanks to his charisma, his teaching ability and his landmark restaurants. I remember him as a great, very funny character. In La Bianca's kitchen, I was in charge of pasta production and starters. Despite his fame, Gato was a born motivator, a generous creator who encouraged me to let my imagination run wild and experience strange and new things. It was very important to have been able to work with him. Years of intense work at La Bianca and La brasserie de Las Leñas moulded me into a chef.

One episode that left a mark on me along this long road was undergoing military service. Like everyone, I prayed to draw a low number in the draft and be exempt, but it wasn't to be. I remember that when I arrived at El Palomar, the unit to which I was assigned, I had to fill out a form with personal information that included listing my skills. I completed that field with one word: "cook." And I was lucky. They immediately sent me to the officers' mess. I had to prepare the lunch service for 12 senior military men. I prepared refined classic dishes such as peceto (silverside) casserole, chicken a l'orange and steak au poivre. On some occasions, I managed to cook something slightly more sophisticated by incorporating creams and whisky. The officers were happy with the food. They valued my work and that allowed me to resign from military service at the very first opportunity. Staying in touch with the profession was key in not interrupting my career and making all those months more bearable.

Travelling is one of the things I always recommend to complement training. Working under the supervision of other cooks and doing internships in restaurants in different countries allows you direct contact contact with other cultures, ingredients, aromas and recipes. So I decided to travel to Europe to study at the Lenôtre School in Paris, one of the most important in France and in the world, and to cook in different restaurants in Turin and Florence, Italy. I also cooked in cities such as Punta del Este, São Paulo, London and Los Angeles. I consider a cook to be more complete when he learns to handle a variety of techniques. Specialising in only one of them, such as the grill, is not bad, but it diminishes the range of resources that a chef will have at his disposal. That training served me well when I became the chef at Buenos Aires News restaurant. On weekends we had between 800 and 900 covers a night. When one of the menu suggestions completely sold out, you had to improvise with what was at hand, and to do that it was essential to have the necessary tools gained only through experience. Every cook is exposed to moments of immense stress and it is essential to remain calm to solve problems in the best way possible.

At the beginning of 2000, I felt that I had already done everything: I had studied, passed through the whole hierarchy of the professional kitchen, travelled, cooked

La Cabrera, casa de carnes. | 215

in different countries and with different chefs and had organised all kinds of events. I felt like I had to do something new, that I needed to undergo some soul-searching. A desire awakened in me, an idea that had been inside me since God only knows when. I began to shape that feeling, to try to understand what it meant. I soon found out: I wanted to have my own restaurant, but not just any one. I wanted a place where I could express my own style, a vehicle for all the experience I'd acquired over the years and that would somehow reflect my essence, my childhood, my passion. But one thing was perfectly clear to me: the star product would be beef. This is how La Cabrera was born.

2002 was a special year: I married Ximena and a few months later I opened La Cabrera. But while it was a beautiful year for me personally, I remember that it was a critical moment for Argentina; there was a lot of economic uncertainty. It was really very risky to open a restaurant in such circumstances, but everything went almost magically. One day I saw a space was available at the corner of Cabrera and Thames streets and I didn't hesitate in renting it. On that corner I opened La Cabrera and there it still stands today.

Of all the deep ends that I have thrown myself into in my life, this was, undoubtedly, the deepest. At the moment when you jump, while you're still in the air, the only question that makes sense is whether there will be any water to break your fall. It takes courage and a certain degree of impetuosity to open a restaurant. In order not to fail others or yourself, you have to give your best, work hard, never stop creating and learning, consider each customer unique and continuously try to improve everything, because there is always, always something that can be improved.

It is also important to maintain some humility and not distance yourself from any task so as not to lose contact with any of the aspects that make a good restaurateur. Even today, for example, I often undertake the chore of washing down the pavement outside the restaurant with buckets of water. People are surprised when they recognise me doing this; but it's in my nature, everything is work and not one function of that should be depreciated. As I am restless, I have a constant obsession to see how I can develop things further. We all follow a path: mine is customer satisfaction and that's why I strive for La Cabrera to continue to be acknowledged as one of the best restaurants in Argentina.

The travelling cow
La Cabrera in the world (Page 83)

The real reason we considered expanding internationally was our desire to introduce Argentine food to the world. Our cuisine has been enriched by food contributions from many migrant peoples, providing us with ingredients and dishes that have had a lasting influence. But our preeminent product is beef.

Livestock that was introduced more than 500 years ago by the Spaniards was then improved upon with the importation of British stock, which found favourable climatic conditions, abundant pastures and ample land to breed. Even today, the quality of our beef continues to evolve.

So, in order to share how we cut and grill beef, we decided to open new restaurants in other countries, while keeping the La Cabrera experience as faithful as possible to the Buenos Aires original. We opened in Asunción, Paraguay in 2013. For that first project, we understood it would be a great challenge to convey our concept abroad. And while we began with small goals, we have far exceeded the objectives we laid out for ourselves. In Paraguay, La Cabrera made new contributions to the local gastronomic scene: we introduced a menu of meat cooked directly on

a grill rather than brochettes (a method where the meat is roasted on large skewers or swords), offered tender selected cuts of beef served medium rare in short cooking times without first scoring them, contracted a local meatpacker from whom we selected the best beef for the restaurant according to our own guidelines, introduced aged cuts, standardised service so all diners receive the same quality of attention and incorporated innovative, original design and decoration. Luckily, its success was immediate, to the point that we now open every day of the week! We also incorporate products and local classics, accounting for the specific tastes of each country.

La Cabrera Asunción, for example, we accompany our traditional cuts of beef with sopa paraguaya (similar to cornbread), boiled cassava, a variety of chipás, mbeyú (a flat, starchy cake) and servings of mango or pineapple. Today, La Cabrera Asunción is a must for those wanting to sample great beef and, because of the excellent service and warmth of its dining rooms, it's now a preferred location for business lunches and dinners.

Then, we opened La Cabrera in Lima, Peru, where we

216 | La Cabrera, casa de carnes.

now have two locations. There, we serve our beef with causa limeña (a potato dish) or a cazuelita of fried yellow potatoes. While for dessert, customers can choose suspiro limeño, made from the local type of dulce de leche and meringue. We've also opened a branch in Manila, Philippines, where we're asked to serve the beef in small pieces so diners can use chopsticks; Rio de Janeiro, Brazil, where we serve farofa (toasted cassava flour), grilled heart of palm, black beans and rice with shredded beef; and Santa Cruz de la Sierra in Bolivia. We continued a few kilometres further until getting to North America, where we landed in Mexico's capital and Playa del Carmen, a tourist destination south of Cancún. Here, as in the other countries, we adapted our menu to the local palate, so you'll find on the menu beef soup (not stew) and the catch of the day roasted in a wood-fired oven. La Cabrera was so well received in Mexico that we've already planned two more openings.

Looking after the brand is fundamental and requires me to travel frequently to ensure that each undertaking adheres to our quality and service standards. We view each location as a slice of Buenos Aires inserted into the geography of another country, a sort of La Cabrera Palermo Embassy. That's why we train and rotate staff to ensure there's always a manager and grill chef trained by us to supervise the perfect running of the restaurant. Making sure that each restaurant offers the finest quality Angus beef so far away from Argentina also requires great selection effort to ensure the dining experience in every La Cabrera is just like the original.

While La Cabrera has been trying to introduce Argentine food to the world, the exchange with other cultures has also enriched us. Our travelling cow, while adding air miles, is acquiring new experiences and finding ways to incorporate new recipes and flavours. In an increasingly globalised and multicultural world, it is key to understand that our cultural differences, far from separating us, are a wonderful complement to the world's merging cuisines, with each maintaining its own identity. When we decided to expand outside Argentina, we began interacting with people from different countries, allowing us to learn different cultural traits. This pleasing experience is reflected in the respect we hold for the customs of each place. We've always believed that La Cabrera should be a restaurant with a clear but flexible concept that adapts its menu to local products and dishes. This has made our acceptance by other cultures easier. There were many challenges to resolve in other countries, but also plenty of joy and gratification. That's why we thought we'd go for more!

Growth (Page 87)

La Cabrera is a constant surprise, mixing planning with things that arise from its magical aura. Our plan is to keep growing and improving. So when I think about its future, I imagine La Cabrera in more countries and different continents. If I had to guess what's coming, I'd say that we'd try to extend our dream to China, the United States, the United Arab Emirates and Europe.

Growth isn't just opening more locations. It's also an inward growth, taking the venture in yet another direction. That's why we believe La Cabrera can contribute as more than a gastronomical experience. It can, in some way, return all the love it has received by sharing its love with others. We are aware that La Cabrera can play an important social role, so we're developing a set of supportive measures in order to strengthen ties with our community and those who need it most. Auctions, donations, fundraising meals, La Cabrera will deliver this and we'll undertake it with the greatest enthusiasm!

The roving chorizo bus (Page 89)

I belong to a generation that grew up with the famous carritos (food carts) on Buenos Aires' coastal promenade by the Río de la Plata. A carrito is a kind of food truck, as they're called now, but with a more artisanal spirit. My grandfather used to take me to eat a pork or steak sandwich or a choripán (sausage sandwich). When the carts disappeared, I was of the mind that they should return. Happily, they did. At some point, Ximena and I began to think about how we could reinvent them. If we Argentines were asked what we consider "truly ours", any list would surely include public buses and the choripán, two symbols of our culture. So we went out looking for a bus that was no longer in service. We called on many bus repair shops until we finally found what we were looking for. The shop customised the bus for us with a folding grill so it's visible from the outside. This is how Choribondi, La Cabrera's little brother, was born; a pop-up parrilla that travels to city events and food fairs. The chorisán, created aboard the Choribondi, is one of the most popular foods at the various gastronomic fairs held in Buenos Aires. Our homemade sausage is nestled on warm bread, seasoned with our own special chimichurri (a mixture of several spices considered the national sauce par excellence) and specially selected lettuce and tomato. It's an inescapable sandwich delicacy!

La Cabrera, casa de carnes. | 217

Recipes
La Cabrera´s menu (Page 95)

La Cabrera was always the restaurant of my dreams, where I can express my passion for cooking. Cooking for me is a great act of love and service to others. It is giving, receiving and sharing. That has always guided me in the profession I chose, and which also chose me. And it's what I try to convey from my humble place, because it is, in turn, what I was given by my grandparents, parents and teachers that I have this profession.

Having and respecting a style when it comes to preparing dishes is essential. That's why I seek a balance in my recipes between innovation – combining ingredients without prejudice – and lifelong classics.

And now, our menu. I'm going to reveal, step by step, a good part of everything that has established us as one of Palermo's best-kept secrets: keeping our appetisers, our meats and our desserts as simple as possible.

Some of these recipes have been inspired by my family and childhood, such as kidneys with Provençal butter, while others are from a long professional path in different restaurants around the world, such as dry-aged beef. Our sauces and cazuelitas (ramekins) have their own chapters since they are trademarked by La Cabrera. Finally, there are the desserts, the fruits of my friendship with Osvaldo Gross.

Appetizers

Provoleta La Cabrera with pesto
4 servings

Ingredients
- 4 rounds provoleta cheese (approx. 250g each)
- Thin slices of cured or cooked ham
- Dried tomatoes in olive oil

For the pesto
- 4 cloves of garlic
- 1 pinch coarse salt
- 15 basil leaves
- 10 tbsp. extra virgin olive oil
- Salt and pepper to season

Preparation

In a mortar and pestle, add salt to peeled garlic cloves and crush. Add the basil leaves and olive oil, crush into a paste (this step may also be done by pulsing in a food processor) and season with salt and pepper.
Set the provoletas aside at room temperature and light your grill. When you've achieved good burning embers, lower the grate to 12cm (5 inches) above the coals and sear the provoleta for no more than 2 minutes on each side. Then arrange each in a small ceramic or cast-iron casserole dish and return to the grill for 15 minutes until the cheese is well melted. To serve, add a few slices of cured or cooked ham, some dried tomatoes, and finally the pesto. Serve in the casserole dishes.

Photograph page 98

....

Smoked provoleta with oregano
4 servings

Ingredients
- 4 rounds smoked provoleta cheese
- 4 tbsp. olive oil
- Oregano, to taste
- Coarsely ground black pepper (or use multi-coloured pepper)
- 1 bunch arugula, thoroughly rinsed (optional)

For the vinaigrette (optional)
- Salt, to taste
- Juice of half a lemon
- 4 tbsp. extra virgin olive oil

Preparation

Set the provoletas aside at room temperature and light your grill. When the charcoal is ready, grill the cheese over high heat until just melting. With a heatproof spatula, carefully transfer the rounds to ceramic or cast iron casserole dishes and return to heat with the grate set at 12-15cm (5-6 inches) above the coals for about 20 minutes to complete cooking.
Carefully remove from heat and finish each dish with a tablespoon of olive oil, sprinkle of oregano and freshly ground black pepper.
This dish goes well with a small arugula salad and a very simple vinaigrette. In a bowl, add a pinch or two of salt to the lemon juice, add 4 tablespoons of olive oil and whisk to emulsify.

Photograph page 100

218 | La Cabrera, casa de carnes.

[APPETIZERS]

Grilled Camembert
2 large or 4 small servings

Ingredients
- 1 round Camembert cheese
- Pear or apple chutney (recipe follows)
- Dried pear or apple
- Olive oil
- walnuts
- Cured ham slices (optional)
- Dried tomatoes in olive oil (optional)

Apple chutney (make in advance)
- 50 g clarified butter (about 3 ½ tbsp.)
- Ground turmeric and allspice, to taste
- 1 dried red chilli pepper
- 25 g minced ginger
- 15 g fine sea salt
- 5 garlic cloves, minced
- 5 g coarse-grain mustard
- 1 kg green apples (Granny Smith), peeled and cubed
- 50 g red sweet pepper, coarsely chopped
- 30 g white onion, coarsely chopped
- 180 g brown sugar
- 125 ml apple cider vinegar
- 50 ml lemon juice
- 40 g raisins

Preparation

Set grill grate 15cm (6 inches) above very hot coals and place the Camembert very carefully. After grilling for 8 minutes on each side, transfer to a ceramic or cast-iron casserole dish and allow to cook another 5 minutes. If you're uncomfortable with flipping the cheese, transfer to the casserole dish after the first 8 minutes and allow to finishing cooking. Remove from heat and add the chutney, dried fruit and, if desired, some cured ham and dried tomatoes, then drizzle with olive olive and finish with a few walnuts for decoration.

To prepare the chutney, gently heat the spices (turmeric, allspice, chilli pepper, ginger, salt, mustard and garlic) in the clarified butter. Add the apple, sweet pepper and onion, along with the brown sugar, vinegar and lemon juice. After the chutney reaches the desired consistency, add raisins and adjust flavour if required.

To make clarified butter, heat the butter in a saucepan over a low flame for 10-15 minutes and continually remove any foam that forms. Remove from heat once foam stops forming and allow to rest. After a few minutes, pour the liquid through a fine strainer or cheesecloth into a container and discard the white solids.

Photograph page 102

Kidney with Provençal butter
4 sevings

Ingredients
- 1 kidney
- 1 lemon, sliced
- 50 g softened butter (room temperature)
- 1 tsp. finely chopped Italian parsley
- 3 cloves garlic, minced
- A dash Worcestershire sauce, to taste
- Salt and pepper to season
- Aluminium foil, parchment or cling film

Suggested side dishes
- Carrot purée
- Boiled beetroots
- Dried tomatoes in olive oil

Carrot sticks also make a great side for this dish. For that, heat 2 tablespoons sugar with 50 grams of butter and 200 grams of carrot cut into sticks in a small casserole or baking dish. Cover with foil and finish cooking on the grill.

Preparation

Place the kidney under cold, running tap water to remove any strong flavour and odour. Remove any bits of membrane and fat while rinsing. Place in a bowl and pour water to cover, add the lemon slices.

In another deep bowl, add the butter, parsley, garlic and Worcestershire sauce, season and mix with a spatula until well integrated. Transfer the butter mixture onto the foil, parchment or cling film and roll into a cylinder, then chill in the refrigerator for at least 4 hours.

Place the kidney on the grill over high heat and cook for 5 minutes on all sides so it's well seared (note that the kidney is plump, so top, bottom and all edges need to be grilled). Remove the kidney from heat, cut into medallions, then return to grill and brown both sides until golden brown. Then remove from heat and plate.

Unwrap the Provençal butter and slice into thin coins. Place one coin of butter on each piece of kidney and allow it to melt partially before serving.

To prepare the beetroots, place them in pot with cold, salted water (no more than 10 g per litre of water) and bring to boil. When the beetroots are tender, remove from heat, allow to cool, then peel and cut into cubes.

Photograph page 104

La Cabrera, casa de carnes. | 219

Beef empanadas
3 dozen

Ingredients
For the dough
- 1 kg bread flour
- 1 pinch of salt
- 250/350 g lard or rendered beef fat
- Warm water, as required

For the filling (make the day before)
- 50 g rendered beef fat
- 1 kg onion, diced
- 1 kg beef, such as sirloin tip, knife cut into small cubes
- Cumin and sweet or hot paprika, to taste
- 1 tbsp. sugar
- Oregano or an herb blend, to taste
- 1 leek, only the white part, sliced into rounds
- 250 g spring onions, chopped
- Salt and pepper to season

- Vegetable oil, such as sunflower, for frying

Our empanadas contain about 85 g (3 oz) of filling and are fried. Empanadas are a very emblematic national dish, and each province has its own way of making and cooking them, just as it is with asado.

Preparation

For the filling, first heat the fat in a deep sauté pan and sauté the onions over medium heat until translucent. Add the meat to the pan along with the cumin, paprika, sugar, salt, pepper and oregano or other herbs, as you like, and cook for 30 minutes.
Just before removing from heat, stir in leeks and spring onion and allow to soften for 2-3 minutes.
Remove from heat, adjust seasoning, cover and allow to cool before refrigerating for a full day.
For the dough, combine the flour and salt and on a clean dry surface form a volcano with the mixture.
Add the lard or beef fat to the centre and incorporate into the flour, slowly adding water as needed until the dough is smooth and uniform. Wrap the dough in cling film and refrigerate for 3 hours.
Remove dough from the refrigerator and knead, making sure to rotate the mass four or five times. Wrap the dough again and return to refrigerator for a half hour more.
On a floured surface, roll out the dough to a thickness of 4 mm (about inch). Cut discs with an 8-cm (3-inch) pastry cutter and set aside for use.
Using a tablespoon, place the meat in the centre of the disc, fold in half and crimp the edges. Everyone has their own technique for this last step, but I stick with what my grandfather taught me: after folding, simply use the tines of a fork to crimp around the edge.
In a heavy pot, fry the empanadas in ample hot oil until the bottom sides are golden, then carefully turn them until the other sides are the same colour. Remove with a slotted spoon and place on absorbent paper. Serve them very hot.

Photograph page 106/107

Heart sweetbreads (pancreas) with pear and sparkling wine
4 servings

Ingredients
- 2 pears
- 4 heart sweetbreads
- Bay leaves, to taste
- 2 glasses sparkling wine
- Salt and pepper to season

- Metal or wood skewers (for wood, soak in water for at least 10 minutes)

Preparation

Peel and cut pears in half lengthwise. Core, remove the seeds, then quarter each half lengthwise.
Rinse well and remove any fat and membrane, then cut into 5cm (2 inch) cubes.
Skewer the ingredients in the following order: a cube of sweetbreads, pear, 1 or 2 bay leaves, and repeat until the skewer is filled, finishing with a bay leaf.
Arrange the skewers in a plastic container or non-reactive (i.e. not aluminium) baking dish, drizzle on the sparkling wine, cover with the container top or cling film and refrigerate for 2 hours. Remove from the refrigerator 30 minutes before cooking.
Place the skewers on the grill when the embers are burning steadily at a low heat and the grate is hot. Grill for approximately 15 minutes on each side. (Note: if the sweetbreads have been soaked in water with lemon juice prior to preparation, grill for only 5 minutes per side until they're golden brown and crisp.) Season with salt and pepper and serve.

Photograph page 110

220 | La Cabrera, casa de carnes.

[APPETIZERS]

The local chorizo (sausage) sandwich
6 servings

Ingredients
- 6 *chorizos* (I prefer pure pork)
- 6 crusty homemade or good quality bread or rolls
- Tomato slices (optional)

Preparation

Heat the grill well and set 24 cm (9-10 inches) from the coals.
Prick the *chorizo* skins and grill over high heat for 3 minutes.
Reduce the heat by shifting the coals from directly underneath the chorizos to either side of the grill and cook 10 before turning with tongs and cooking 10 minutes more.
Serve the *chorizos* in the rolls and serve as as is or with tomato slices and dress with *chimichurri* (page 234) or *salsa criolla* (page 235).

Photograph page 112

Homemade bread
I'm share this recipe for those who enjoy baking at home.

Ingredients
- 50 g fresh yeast
- 1 scant cup milk
- 1 scant cup carbonated water
- 2 tbsp. sugar or honey
- 1 kg bread flour
- Tepid or room temperature water, as needed
- Salt and pepper to season
- Egg wash with milk and a pinch of salt for a shiny crust (optional)

Preparation

Mix the milk and yeast in a deep mixing bowl, then add the carbonated water, sugar or honey and the flour. Mix until the dough comes together evenly. Season with salt and pepper. Slowly mix in the water until the mix becomes moist and forms a ball.
Cover the bowl with cling film and allow the dough to rest in the refrigerator 24 hours. Remove from refrigerator, knead for a minute and divide into 6 balls of about 200 g (7 oz). Arrange the balls in a floured baking pan, cover with a cloth and set aside, allowing the rolls to double in size.
Preheat to 200ºC. Brush the rolls with egg wash (optional) and bake for 12 minutes until the rolls are golden.

Gilding the bread. Before baking, you may brush loaves with an egg and milk wash to lend the finished product a shine, and sprinkle on a pinch of salt to boost the flavour.

Photograph page 112

Grilled stuffed red peppers
4 servings

Ingredients
- 2 fleshy red sweet peppers
- 4 eggs
- 4 tbsp. olive oil
- 75 g soft mild cheese (or grated pecorino)
- Salt and pepper to season

Preparation

Cut peppers in half lengthwise, remove and discard seeds and membrane, and blanch in a saucepan of boiling water. Drain and arrange cut side up on hot grill. Crack 1 egg into each pepper half and cook about 10 minutes until the egg whites are opaque. Distribute the cheese in the pepper halves 2 minutes before removing from grill, the residual heat from the peppers will finish melting the cheese.
To get the gratin finish in the photographs, place a baking pan above the peppers, put in some of the hot coals and let cook another 5 minutes. Remove the peppers to a plate, drizzle with olive oil and season with salt and pepper.

Photograph page 114

La Cabrera, casa de carnes. | 221

Main Dishes

HEAT LEVEL

To check the heat generated by coals, place your palm over the grill, at the estimated height where the meat will be placed. If you can tolerate between 1 and 2 seconds holding your hand in this position, the heat is strong, intense. If you can keep your hand there for 3 to 4 seconds, the heat is medium, moderate. If your hand stays over the grill for 5 to 7 seconds, the heat level is low, soft. To reduce the level of heat, you have to spread out the coals or remove some.

Beef short ribs
3 servings

Ingredients
- 1.5 kg beef short ribs
- Sea salt, to taste

For the sweetcorn garnish
- 150 g frozen sweetcorn kernels
- 50 g onion, diced
- 25 g spring onion, finely chopped
- 50 ml white wine
- 100 ml cream
- Béchamel sauce, (optional)

Preparation

This is not a traditional cut for grilling but it's familiar to all of us. This is sirloin on the bone cut lengthwise into steaks approximately 1.5 centimetres thick.

Prepare strong, hot coals and set the grate at a height of 15 centimetres (if it's adjustable).

Once the grill is hot, put the steaks on and cook them at a high heat for just a few minutes, depending on how you want them cooked. When they begin to release their juices, turn them over, salt them and continue grilling until they again release their juices. Remove the meat from the grill and serve with the sweetcorn garnish.

For the sweetcorn garnish, place the frozen corn in warm water and drain immediately when thawed. Sauté the onion along with the spring onion. Pour in the white wine and cook until the alcohol has evaporated, add the corn, cream and the béchamel sauce, if desired.

Photograph page 118

Argentine strip steak
1 serving

Ingredients
- 1 Argentine bone-in strip steak
- Salt and pepper, to taste

To accompany
- Pumpkin purée with Port-infused raisins (page 231)
- Provençal green beans

The Argentine strip steak in our country, and internationally, comes from the back of the cow that includes several different muscles (the trapezius, the latissimus dorsi or the rib cap roast; the serratus ventralis, which is the muscle in short ribs; the rhomboideus or rib eye cap; and the central muscle, called the longissimus dorsi), vertebrae, bone and intercostal meat.

Preparation

This cut requires a good amount of heat to perform the initial searing. Due to its thickness and the thickness of the bone, it's necessary to place the grill higher than normal, so that the meat will be able to reach the 'core temperature', that is to say, so the heat reaches the centre of the steak. The ideal temperature to reach is 55°C. Therefore, once seared, the steak should be cooked over fewer coals so as not to burn it while it is still raw in the middle. The fire can be 'flavoured' with vine shoots, quebracho or piquillín (an Argentine thorn tree).

Cook the strip steak on both sides for just a few minutes, depending on the desired cooking point. Season well and serve. I advise you to serve it not too overdone. And keep in mind that the steak should never appear burned on the outside when the initial caramelisation is performed.

It can be accompanied with Provençal green beans and pumpkin purée. For the beans, soak them overnight. Place in a pot of cold water and bring to the boil with salt until tender. Let them cool and add chopped garlic and parsley, olive oil and salt.

Photograph page 120

[MAIN DISHES]

Dry-aged sirloin with roast potatoes
4 servings

Ingredients
- 1 sirloin of beef on the bone (3.2 kg)
- Sea salt, pepper and nutmeg, to taste

For the roast potatoes
- 1 medium-sized potato
- Sea salt, pepper and thyme, to taste
- Olive oil, to taste

Can be accompanied with a leafy green salad and mustard vinaigrette (page 230), hummus (page 229), and a fried egg on top (page 229).

Preparation

At La Cabrera, we dry age our beef. Reproducing this technique at home is not easy since certain precautions must be taken and proper instruments are necessary. That's why we recommend buying meat that has already been dry aged at a butcher's. For enthusiasts, the following instructions demonstrate how to dry-age beef.

Place the whole sirloin of beef, from a young bullock, in a container with a lid and let it rest 12 days in the fridge at 2°C. It's important to keep in mind that the secret of dry-aging is great airflow inside the refrigerator. Reducing humidity in the refrigerator can involve lining the walls with Argentine Patagonian sea salt. Another way to make the unit for dry-aging is to hang the beef over a bed of sea salt or Himalayan rock salt. The enzymes inside the bone, storage time and the temperature will age the meat and improve it, giving it texture, tenderness and special flavour.

Remove the beef from the refrigerator after 12 days and at least one hour before cooking. Cut the meat into 4 steaks weighing 800 grams each, including the bone. If you buy dry-aged meat at the butcher's, ask the butcher to cut it for you.

Light the fire and wait until there is a good collection of hot coals. Here I suggest trying other woods in addition to quebracho or espinillo, for example, you can use vine shoots, applewood, peachwood or any other that adds fragrance to the meat.

Once the fire is strong, and you can't hold the palm of your hand over the grill for more than 7 seconds, distribute the coals – which should be white – evenly under the grill to begin cooking.

Position the grill 15 centimetres (6 inches) over the coals and line up the steaks on the cooking grate.

Cook the meat for about 9 minutes on each side or until its internal temperature reaches 60°C (taken with a kitchen thermometer). A makeshift way to determine the correct cooking time is to wait until the steak begins to release its juices, and then turn it over another 9 minutes to finish cooking.

Season with salt, pepper and nutmeg. Serve hot.

For the potatoes, cut the potato in half and place it on top of some aluminium foil. Season it, place a sprig of thyme on top and drizzle on some olive oil. Wrap it in the foil and cook it directly in the coals for 10 minutes. Let it rest for 5 minutes before unwrapping the foil. Adjust the seasoning.

Photograph page 122

La Cabrera, casa de carnes. | **223**

Argentine Wagyu cap of rump
2 servings

Ingredients
- 2 Wagyu steaks (400 g each)
- Salt (sea salt, especially Patagonian, if possible)
- and pepper, to taste

To accompany
- Asparagus, as needed
- Tomatoes, as needed

Wagyu
This cut is identified by its marbling, the distribution of fat between the muscle fibres of the meat that determine the classification (the streaking) and quality of Wagyu. This fat contains a higher percentage of monounsaturated fatty acids than any other bovine breed.
To allow the marbling genes to reach their full potential in the meat, the animal must be consistently fed properly. And then there are several types and degrees of marbling. The ideal is 'moderately abundant', which is the minimum level required to classify as Prime Wagyu. While they cannot be considered official, the requisite marbling at each level is important.

Preparation

Remove the meat from the refrigerator to allow it to warm to room temperature and then salt it.
Light the fire. Add wood to the coals, espinillo preferably, although this wood can be substituted by fruit tree wood such as vine shoots to give a distinct aroma. Once the coals are ready, check them with the palm of your hand, you'll want it just hot enough so you're able to hold it there for about 7 seconds over the grill without having to withdraw it . Once the coals are white, it's the perfect time to evenly distribute them under the grill and start cooking the beef.
Place the meat on the hot grate (whether they be round rods, V-shaped, or in a grid pattern, each to his own) set about 10 centimetres over the coals and cook the steaks on both sides, until they reach an internal temperature of 60°C. This keeps the steaks red in the centre, about medium rare, which is my preference. Once you see juices rise out of the surface of the steak, turn it over and cook until it's ready, about 6 minutes more, depending on the thickness of the steak. This is how to cook steak rare to medium rare. If you want it more well done, turn the meat once you no longer see any of the juices on the top of the steak.
Season with sea salt (Argentina has very good quality salt produced in Patagonia) and serve immediately.
For the side dish, rinse the asparagus, season with sea salt and and add a drizzle of olive oil. Arrange them on the grill and cook until the exterior is crispy, for no more than 6 minutes. Slice the tomatoes in half and drizzle with a little olive oil. Arrange them on the grill and cook for 4 minutes on each side. Once cooked, sprinkle them with sea salt, ground pepper and oregano.

Photograph page 124

Grilled chicken with orange oil
4 servings

Ingredients
- 1 medium chicken, splayed and flattened
- 1 L hot water
- 5 g coarse salt
- 1 cup of chopped herbs (parsley, rosemary, chives)
- Lemon juice, as needed

For the orange oil
- Peel from 2 oranges
- 300 ml mild extra virgin olive oil
- 1 clove
- ½ cinnamon stick

Preparation

Prepare brine in a large bowl with hot water and coarse salt. Mix the liquid to dissolve salt and then submerge the chicken. Cover the bowl and refrigerate for 24 hours.
Drain the chicken. Peel up the skin a little and slip in the chopped herbs between the skin and the meat. Sprinkle with plenty of lemon juice.
Place the grill between 20 and 30 centimetres (8 to 12 inches) over the fire and distribute the coals well at a high temperature. The height of the grill will ensure that neither the skin nor the meat of the chicken, which are more delicate than beef, will burn. On the hot grill, lay out the chicken with the inside (the bones of the carcass) facing down. Depending on the size of the chicken, cook it for 20 to 25 minutes on one side, brushing the meat with the orange oil. Turn the chicken and cook the other side (the skin side), while continuing to brush with the oil, for another 20-25 minutes until golden.

For the orange oil, remove the pith (the white part) from the orange peels so the mixture won't taste bitter. Place the peels in a jar and add the olive oil, clove and cinnamon stick. Close tightly. Heat the jar in bain-marie (water bath) for half an hour on a very low heat. Let it cool then use it to brush onto the chicken while cooking.

Photograph page 126

La Cabrera, casa de carnes.

[MAIN DISHES]

Beef skewers with herb butter
4 to 6 servings

Ingredients
- 2 kg fillet of beef
- 150 g smoked bacon, sliced
- 180 g softened (room temperature) butter
- 4 tbsps. freshly chopped herbs (rosemary, thyme and oregano)
- 150 g white onion, quartered
- 150 g red sweet pepper, quartered
- 100 g green sweet pepper, quartered
- Salt and pepper, to taste

Preparation

Mix the butter with the chopped herbs and season. Cut the fillet into very thin escalopes (slices), brush them with the herb butter and wrap each one in a bacon slice. Skewer (metal or, if wood, soaked in water for at least 10 minutes) the beef and bacon roll then the peppers, onions, the meat roll again, and so on, until skewer is filled.
Place the grill 12 centimetres over the coals, which should be well lit (white), and cook the skewers for about 5 minutes, turning them from time to time. Remove them, put a dab of herb butter on each piece along the length of the skewers and serve hot.
They can be accompanied with aubergines or other roasted vegetables.

Photograph page 128

Boneless pork shoulder stuffed with smoked bacon and pesto
4 servings

Ingredients
- 1 boneless pork shoulder (approx. 1 ¼ kg)
- 200 g smoked bacon, cut into 1 cm slices
- Juice from 1 lemon
- Sea salt and pepper, to taste

For the pesto
- 1 bunch of basil leaves
- Coarse salt, to taste
- 1 garlic clove, peeled
- 50 g walnuts
- 50 g grated Parmesan cheese
- 4 tbsps. extra virgin olive oil
- Pepper, to taste

- String
- Aluminium foil

To accompany
- Green apples, as needed
- Lemon juice, to taste

Preparation

Make a central hole through the pork shoulder, from end to end, for filling. You can ask your butcher to do this for you with a long, sharp blade. Set the meat aside.
For the pesto, process the basil leaves with salt in a blender. Add the peeled garlic clove, walnuts, grated parmesan and black pepper. Continue to blend while gradually adding the olive oil. Once well mixed, set aside.
Stuff the pork shoulder with the smoked bacon (I like to cut it into centimetre-thick slices) and then with the pesto. Season the meat with sea salt and black pepper. Tie up the pork with string so that it keeps its shape and doesn't fall apart during cooking.
Because of the size of this cut, it will require a hot fire. Once the fire is ready, place the grill 30 centimetres (12 inches) over the coals and position the stuffed pork on the hot grate. Sear it on all sides, rotating it. Cover the shoulder with thick aluminium foil and cook for 20 to 25 minutes on each side. This cooking requires patience. Remove from the grill, season, and sprinkle it with some the lemon juice.

You can accompany the pork with some apple sauce. To do this, peel the apples and bake them in the oven until they're soft. Mash them with a little lemon juice. If you want smoother mash, pass it through a sieve.

Photograph page 130

La Cabrera, casa de carnes. | 225

Marinated suckling pig
4 servings

Ingredients
- 1 suckling pig (piglet, of roughly 3 kg)
- 2 L hot water
- 10 g coarse salt
- Lemon wedges, to taste
- Parchment (baking) paper
- Chimichurri sauce, to accompany (page 234) (optional)
- Leafy green salad, as a side dish (optional)

Preparation

Place the suckling pig in a large bowl and pour over the hot water mixed with the salt. Let stand in refrigerator for 24 hours. This step is fundamental because the water and the salty flavour penetrate the meat and very subtly break down the fibres, making it more succulent. In addition, it stops the suckling pig from drying out and retains its natural juices during cooking. Once the suckling pig is removed from the refrigerator, splay the joints with a sharp knife; the legs from the ribs. In this way, the suckling pig is spread open and ready for the grill.

Meanwhile, prepare a good fire and set the grill about 30 centimetres high (12 inches). Once the grill is hot, test it by holding your just above it and counting to 6. This will indicate a low heat level and so the cooking will be slow (the reason the grill height is higher than usual).

Place the suckling pig rib-side down and cover the top with parchment paper. Cook for 90 minutes. Turn it over and cook for 40 minutes more. When finished cooking, remove the suckling pig and serve with lemon wedges and a few drops of chimichurri sauce. It goes well accompanied by a leafy green salad.

Photograph page 132

Skewered chicken with orange, smoked bacon and vodka
3 servings

Ingredients
- 2 chicken breasts
- 6 smoked bacon slices
- 1 orange
- 1 cup of orange juice
- 1 cup of vodka
- Sea salt and pepper, to taste

- 6 wooden skewers

Preparation

Make sure that the chicken breast contains no bones or cartilage (use your fingers). If you find any, remove them with a sharp knife. Cut the breasts into 6 cubes (or they can be cut into 12 if you want smaller portions).

Wrap each piece of chicken in a smoked bacon slice (or half, if the breasts were cut into 12 cubes each). Cut the orange (with skin) into 6 slices and sear them on the grill or in a skillet on both sides to increase the intensity of the citrus flavour.

Skewer the chicken and bacon pieces and alternate with the orange slices. Place the skewers in a bowl and pour in the orange juice and the vodka. Leave to marinate for 2 hours in the refrigerator. Remove and season them. Place the grill 15 centimetres over the coals, which should be at a high heat. Cook the skewers on the hot grill for 12 to 15 minutes on each side. Serve them hot.

Photograph page 134

[MAIN DISHES]

Wagyu rump steak hamburger
1 serving

Ingredients
- 300 g Wagyu rump steak
- Chopped parsley, to taste
- Chopped garlic, to taste
- 1 egg
- Hamburger buns
- 1 lettuce leaf
- 2 slices of peeled tomato
- 2 Tybo cheese slices (optional)
- Caramelised onion, as needed
- Sea salt and pepper, to taste

Preparation

Mince the meat and season it with salt, pepper, chopped parsley and garlic. Wrap the meat in cling film and let it rest in the refrigerator for a day.
Form one large ball or two small ones and then squash them into the desired burger shape (sometimes we make them square).
Cook the burger on the grill or in a skillet over a high heat for 8 minutes on each side. While cooking the meat, fry the egg in a frying pan with plenty of oil.
Slice the bun and top one half with the lettuce, cheese (which will melt with the heat from the meat), the burger, caramelised onion, tomato slices and the fried egg. Serve with some good chips.

Photograph page 136

Neapolitan sirloin schnitzel
1 serving

Ingredients
- 400 g top sirloin
- 2 eggs
- Chopped garlic, to taste
- Chopped parsley, to taste
- Bread crumbs, as needed
- Provolone cheese, grated, as needed
- 1 tbsp. tomato sauce
- 2 slices of ham
- 4 slices of processed cheese
- 1 tomato, sliced
- Oregano, to taste
- Sea salt and pepper, to taste

Preparation

Flatten the meat well with a mallet. Beat together the eggs, garlic, parsley, salt and pepper. Season the meat and then dip it first in the breadcrumbs, then in the egg mixture and then once again in the breadcrumbs. Deep fry the schnitzel in a deep frying pan with plenty of hot oil or in a deep fryer and then set aside.
Top the schnitzel, in order, with the tomato sauce, cooked ham slices, cheese slices, grated provolone, tomato slices and the oregano. Bake the schnitzel in the oven until the cheese melts. Serve immediately.

Photograph page 138

Chicken Pamplona
- 2 servings (½ chicken per person)

Ingredients
- 1 deboned chicken (approx. 1 kg)
- 2 slices of cooked ham
- 2 slices of processed cheese, mozzarella or other similar fresh soft cheese
- 6 sun-dried tomatoes, soaked
- 300 g caul fat (see photo page 54)
- Salt and pepper, to taste

Preparation

Our Pamplona is a tribute to our Uruguayan brothers.
To begin, debone the chicken (or buy it deboned) and pound it flat. Season it. Arrange the ham, cheese and tomatoes over the top.
Roll everything up in the caul fat. Aluminium foil can be used as a substitute for the caul fat. Place the Pamplona on a hot area of the grill and cook until it is seared. Move it over to a cooler area with fewer coals beneath and continue cooking, turning every 5 minutes until ready. Once the caul becomes transparent, due to the heat melting the fat, it is time to remove the Pamplona from the grill.

Photograph page 140

La Cabrera, casa de carnes. | 227

Side dishes

Blood sausage and mushroom pie
6 to 8 servings

Ingredients
- 1 large-size blood sausage
- 30 g of fresh or rehydrated mushrooms, sliced
- Water or stock, as required
- 1 kg of potatoes, peeled
- 1 tbsp. butter
- 1 egg yolk
- 2 tbsp. milk
- 1 pinch of mature Sardo or Reggianito cheese, grated
- Salt and pepper to season
- Nutmeg, to season

Preparation

Heat up a nonstick frying pan and cook the blood sausage on a medium flame for a few minutes. Remove from heat, remove the skin and return to the frying pan and stir until it breaks down. Add the sliced mushrooms. Continue stirring then remove from heat and reserve.

For the duchess potatoes, fill a saucepan with plenty of water or stock and bring to boil. Once boiling, place the peeled whole potatoes and cook them until they are very soft.

Drain the potatoes, put them in a deep bowl and mash them. Add the butter, yolk, milk, salt and pepper, nutmeg, and last, the grated cheese. Carefully add the blood sausage and mushroom mix into an oven dish and cover with the duchess potatoes.

Bake for 20 minutes in a pre-heated oven at 180°C until the mash's surface is au gratin. Serve hot.

Photograph page 144

Double- cooked sweet potatoes
8 servings

Ingredients
- 1 kg sweet potatoes, skin on, cut into wedges
- 1 tbsp. cold butter
- 250 g white sugar
- 1 tbsp. softened butter
- 200 g brown sugar
- 1 tsp. pisco
- Sugar, to decorate, to taste

Preparation

Bring water to boil in a saucepan. Add the cold butter and white sugar and stir in. Add the sweet potato wedges and cook until tender. Another way to do this step is to put all the ingredients in a microwaveable dish, cover with cling film and cook for a few minutes.

In a frying pan, melt the softened butter with the brown sugar and pisco. Stir.

Add the cooked sweet potato and sauté until the wedges are caramelised. Remove them with a slotted spoon, place in a dish, sprinkle with sugar and serve.

Photograph page 146

Dried tomatoes and black olive salad
4 servings

Ingredients
- 100 g dried tomatoes
- 100 g pitted black olives (whole or sliced in half)
- 200 ml olive oil
- 25 g Parmesan cheese shavings
- 1 pinch fresh oregano
- Fresh rosemary, to taste
- Salt flakes, to taste

Preparation

Place the dried tomatoes in a bowl and cover them with hot water. Let them rehydrate for 20 minutes. Drain and reserve in olive oil.

Cut the rehydrated tomatoes in slices and the olives in half if you wish. Place them in ramekins or small bowls and mix in the olive and oil and cheese shavings. Season with salt and oregano or rosemary.

Photograph page 148

[SIDE DISHES]

Fried eggs
4 servings

Ingredients
- 50 ml extra virgin olive oil
- 4 eggs
- Salt and pepper, to taste

Preparation

Heat the oil in a frying pan. Add the eggs, cracking them carefully so they don't break. Cook the eggs for a few minutes, until they reach the desired point.
Season with salt and pepper and remove them carefully with a slotted spoon.
It's as simple and tasty as that.

Photograph page 150

Sweet and spicy garlic
8 servings

Ingredients
- 1 kg of peeled garlic cloves
- 1 kg sugar
- 2 tbsp. Balsamic vinegar
- 150 g spicy ground chilli
- Salt and pepper, to taste

Preparation

Add all the ingredients into a heavy-bottomed saucepan (the garlic, sugar, vinegar and ground chilli), season and cook at a low temperature for 30 minutes, stirring every now and then with a wooden spoon.

Photograph page 152

Hummus
4 servings

Ingredients
- 200 g chickpeas
- 1 garlic clove, chopped
- 30 g tahini (sesame paste)
- 1 tsp. sesame seeds
- 1 pinch cumin
- 1 tsp. paprika
- 1 tbsp. of white cheese (optional)
- 50 ml extra virgin olive oil (plus a drizzle to finish)
- Salt and pepper, to taste
- Paprika, to finish

Preparation

Soak the chickpeas in cold water overnight. Drain and boil in a saucepan with plenty of water until they are tender. Drain and allow to cool.
Put the chickpeas, garlic, tahini, sesame seeds, cumin, paprika, white cheese, oil, salt and pepper in a food processor and process until the purée is uniform and reaches the desired texture. Although using a processor is fine, it's best made in a mortar and pestle.
Serve in a small dish with a drizzle of olive oil and a sprinkle of paprika for decoration.

Photograph page 154

La Cabrera, casa de carnes. | 229

Strawberry and mozzarella salad
4 servings

Ingredients
- 200 g strawberries, cleaned, topped and cut in half or quarters
- Balsamic vinegar, for soaking, to taste
- 1 ball of fresh mozzarella, cubed
- 8 basil leaves, finely ribboned

For the vinaigrette
- 150 ml extra virgin olive oil
- 50 ml balsamic vinegar, reduced or caramelised
- Salt and pepper, to taste

- Seasonal salad greens (optional)

Preparation

Place the strawberries in a bowl, pour balsamic vinegar over until they are covered and let them macerate for a few minutes.
Transfer the strawberries with a slotted spoon to another bowl, add the mozzarella and basil and gently toss.
For the vinaigrette, whisk together the olive oil and vinegar. Season and whisk until it emulsifies.
You can serve this salad in individual dishes, or if you prefer, on plates upon a bed of salad greens. Finish with the vinaigrette.

Photograph page 156

Salad greens and mustard vinaigrette
4 servings

Ingredients
- 4 bunches of mixed salad greens (butterhead lettuce, romaine, cos, iceberg)
- Sprouts (such as beet, alfalfa, etc.) and edible flowers

For the vinaigrette
- 1 tbsp. Dijon mustard
- Juice 1 lemon
- 200 ml extra virgin olive oil
- 2 tbsp. apple cider vinegar
- 1 tbsp. honey (optional)
- Salt and pepper, to taste

Preparation

For the vinaigrette, add the mustard, lemon juice, olive oil, apple cider vinegar and honey. Season and whisk well until all the ingredients come together. In a salad bowl, mix the greens and sprouts. Dress with the mustard vinegar and decorate with edible flowers.

Photograph page 158

Olive purée
4 servings

Ingredients
- 50 g pitted black olives
- 3 anchovy fillets in unsalted oil (rinsed in water)
- 1 tbsp. capers (rinsed if salted, drained if brined)
- 1 tbsp. mayonnaise
- 1 tbsp. cream cheese
- 200 ml extra virgin olive oil
- 1 pinch of salt and pepper
- 60 g olives, sliced

Preparation
Place the olives, anchovies, capers, mayonnaise, cream cheese and oil in a food processor. Mix, season and process again until you obtain a purée. Fold in the sliced olives.

Photograph page 160

[SIDE DISHES]

Andean new potato salad with quail eggs
4 servings

Ingredients
- 500 g of Andean new potatoes, washed, skins on
- 12 quail eggs
- 1 cup mayonnaise
- 1 garlic clove, minced
- 3 tbsp. lemon juice
- Fresh chopped herbs (optional)
- Salt and pepper, to taste

Preparation

Cook the potatoes in salted boiling water until they are tender. Drain and refresh with cold water.
Boil the quail eggs for 3 to 5 minutes, drain and peel. Slice them in half.
Mix the mayonnaise with the minced garlic and lemon juice and season with salt and pepper.
Place the potatoes and eggs in a salad bowl. Dress with the mayonnaise and decorate with the chopped herbs, if you wish. Serve.

Photograph page 162

Pumpkin purée with Port-infused raisins
4 servings

Ingredients
- 100 g seedless raisins
- 100 ml Port
- 1 winter squash
- 20 g butter
- Salt and pepper, to taste

- Aluminium foil

Preparation

In a bowl, cover the raisins with Port and allow to macerate for 8 hours.
Wrap the squash in aluminium foil. Cook over a hot grill, with good embers at a height of 15 cm (6 inches) for 20 minutes. Turn over and cook for 20 minutes more.
Remove the squash from the grill, cut in half, discard seeds and scoop out the pulp with a spoon.
In a bowl, mash the pulp into a purée, mix in the drained macerated raisins and butter. Season, mix and serve.

Photograph page 164

Mustard mashed potatoes
4 servings

Ingredients
- 4 potatoes
- 50 g butter
- 100 ml cream
- 1 tbsp. Dijon mustard
- Salt, pepper and nutmeg, to taste

Preparation

Wash the potatoes. Cook, skins on, in boiling water until they are tender. Remove them, peel and mash them.
Whip the hot mash with the butter and season with salt, pepper and nutmeg.
Add the cream and tbsp. of Dijon mustard. Mix well until all the flavours are well integrated.
You can top it with a tbsp. of grained mustard when you're about to serve.

Photograph page 166

Artichoke hearts with garlic oil
4 servings

Ingredients
- 1 garlic clove
- 1 cup extra virgin olive oil
- 8 artichoke hearts
- Patagonian sea salt, to taste
- Chopped basil, to taste
- Lemon zest, as garnish
- Fried tomato skin, as garnish
- Capers, as garnish

Preparation

Peel the garlic clove and soak it in the olive oil for 24 hours.
Heat up a frying pan on the grill, pour in the garlic oil and wait for it to heat up. Add the artichoke hearts and stir to sauté for a few minutes.
Before they're done cooking, season with the sea salt and chopped basil then remove from heat. Serve with a garnish of lemon, zest, capers and fried tomato skin.

Photograph page 168

La Cabrera, casa de carnes. | 231

Sauces

1. Creamy mushroom sauce

Ingredients
- 1 onion, finely diced
- 50 ml extra virgin olive oil
- 500 g dried button mushrooms, rehydrated in water or tea
- 200 ml cream
- 50 ml mushroom broth
- 1 drizzle of black-truffle-infused olive oil (optional)
- Salt and pepper

Preparation

In a saucepan, sauté onion in olive oil and add the rehydrated mushrooms. Cook until the mushrooms begin to brown and the onion translucent. Slowly add the cream while continuing to stir.

When the sauce has somewhat thickened, add the broth and season with salt and pepper to taste. Stir until well mixed and serve.

For a special touch, add a drizzle of black-truffle-infused olive oil just before serving.

Photograph page 172

2. Blue cheese sauce

Ingredients
- 150 g blue cheese
- 500 ml cream
- Salt and pepper to season.

Preparation

Cut the blue cheese into cubes and place into a microwavable bowl along with the cream, salt and pepper and mix together.

Heat in the microwave oven for 3 minutes then stir until the cheese is fully melted. Microwave another minute, if needed.

This sauce goes very well with sirloin steak.

Photograph page 172

3. Barbecue sauce

Ingredients
- 4 medium onions, diced
- 2 garlic cloves, minced
- 4 tbsp. olive oil
- Leaves from 1 sprig fresh thyme, chopped
- Leaves from 1 sprig fresh rosemary, chopped
- 1 tbsp. cumin
- 1 tsp. prepared mustard
- 2 tbsp. sugar or honey
- 100 g ketchup
- 1 tbsp. soy sauce
- 1 tbsp. Tabasco sauce
- Salt and pepper

Preparation

In a saucepan, begin sautéing the onions in olive oil and, after a minute, add the garlic. Continue stirring to avoid burning the garlic. Add the cumin and fresh herbs, season with salt and pepper, and continue cooking for 3 minutes until the onions are golden brown. Stir in the mustard, sugar or honey, ketchup, soy sauce and Tabasco and continue cooking another 2 minutes. Remove from heat and allow to cool.

This sauce is great with grilled meats or vegetables; it even goes with some types of fish.

Photograph page 172

[SAUCES]

4. Tartar sauce

Ingredients
- 2 red onions, finely diced
- 50 g pitted green olives, chopped
- 1 tbsp. capers, chopped
- 2 pickled gherkins, chopped
- 250 g mayonnaise
- 1 tsp. lemon juice
- Salt and pepper

Preparation

Thoroughly mix together all the chopped ingredients in a bowl. Add the mayonnaise, lemon juice, season with salt and pepper, and stir until the sauce is well combined.
This sauce goes well with meats, but it's especially good on fish and shellfish.

Photograph page 172

5. Pepper sauce

Ingredients
- 30 g butter
- 75 ml cognac
- 250 ml cream
- Salt, if needed
- 1 tbsp. peppercorns (black, green, white or mixed)
- 2 tbsp. soy sauce

Preparation

Melt the butter in a skillet over low heat. Slowly add the cognac and simmer until reduced, burning off the alcohol. Add the cream and simmer for 3 minutes while stirring gently until sauce starts to thicken.
Add the peppercorns and soy sauce, then taste to see if salt is needed. For a more intense flavour, before adding the peppercorns to the sauce, crush them lightly in a mortar and pestle so they release more flavour and aroma.
Stir and serve in a bowl to spoon over meats.

Photograph page 172

6. Teriyaki

Ingredients
- 200 ml rice vinegar
- 50 g sugar
- 20 ml sake
- 1 tsp. fresh grated ginger

Preparation

Whisk all the ingredients together in a bowl until well blended. Pour the mix into a saucepan and simmer over low heat until the liquid reduces and thickens. Remove from heat and reserve for use.
This sauce is used to glaze grilled meats.

Photograph page 172

7. Demi-glace

Ingredients
- 2 kg beef bones, for stock
- 4 large carrots, peeled and sliced
- 2 green sweet peppers, cleaned of seeds and membrane and cut in large pieces
- 1 garlic head, peeled
- 4 ripe tomatoes, seeded and quartered
- 1 sprig thyme
- 1 sprig rosemary
- 1 bottle red wine (not barrel-aged, if possible)
- 1 L water
- Salt and pepper

Preparation

In a 200°C oven, arrange bones in a large baking pan and roast until they are golden brown. Without turning off the oven, rremove the pan from the oven and add the vegetables to the bones. Return to oven and roast until the vegetables are browned but not charred.
Place the bones and vegetables in a large, heavy-bottomed stockpot along with the aromatics (thyme and rosemary) and salt and pepper, then pour in the red wine and water to cover.
Bring to a boil then immediately reduce to a low heat and allow to simmer, stirring occasionally, until the liquid is reduced by a third. This will take a while but the slow cooking works to concentrate the flavours
Once you've reached the desired concentration, allow to cool and strain out the solids before using.

Photograph page 172

La Cabrera, casa de carnes. | 233

8 Endiablada (Devilled sauce)

Ingredients
- 1 onion, diced
- ½ green sweet pepper, diced
- ½ red sweet pepper, diced
- 2 garlic cloves, minced
- 2 tbsp. olive oil
- Leaves from 1 thyme sprig, finely chopped
- 1 tsp. cayenne pepper powder
- 10 drops Tabasco sauce
- 100 ml canned crushed tomato
- 100 ml demi-glace (see page 233) or other homemade beef stock
- Salt and pepper

Preparation

Sauté the onion, sweet peppers and garlic in olive oil over medium heat. Add salt and pepper, thyme, cayenne powder and Tabasco, and continue sautéing a few minutes until the vegetables are soft but not yet browning. Add the crushed tomato and demi-glace, adjust the seasoning and stir well. Cook for 10 minutes longer and serve.
This a great sauce to accompany grilled, oven-roasted or griddled meats.

Photograph page 173

9. Yoghurt sauce

Ingredients
- Leaves from 1 sprig of mint, finely diced
- 1 garlic clove, finely diced
- 800 g plain yoghurt (regular or Greek style)
- Juice of 1 lime
- 2 tbsp. extra virgin olive oil
- Salt and pepper

Preparation

In a bowl, mix the yoghurt, lime juice, mint, garlic, and salt and pepper. Add the olive oil and mix well until well blended.

Photograph page 173

10. Chimichurri

Ingredients (yields about 1.3 L)
- 4 tbsp. sweet paprika
- ¼ cup ground red pepper
- ¼ cup dried oregano
- 1 tbsp. dried thyme
- ½ cup hot water
- ½ cup white vinegar
- 2 cups fresh Italian parsley, finely chopped
- 4 garlic cloves, minced
- Chilli pepper, minced (according to taste)
- 1 cup olive oil
- 1 cup sunflower oil
- Fine sea salt and pepper

Preparation

Combine the paprika, ground red pepper, oregano, thyme and hot water in a large bowl and let stand 10 minutes. Add the salt, pepper and vinegar and mix well. Then add the parsley, garlic and chilli and mix well. Finally, add the olive and sunflower oils and mix well.
Transfer the sauce to lidded jars and store in refrigerator for up to one month.

Photograph page 173

[SAUCES]

11. Red pesto

Ingredients
- 2 ripe tomatoes or red sweet peppers
- 50 g dried tomatoes, soaked in oil for at least
- 10 minutes
- 2 garlic cloves, peeled
- 100 g grated Parmesan cheese
- 250 ml extra virgin olive oil
- Salt and pepper

Preparation

Chop tomatoes or red sweet peppers (seeds and membrane discarded) and crush them in a mortar and pestle along with the dried tomatoes, garlic and cheese while gradually adding olive oil. Mix and season with salt and pepper. Continue crushing until the ingredients are well combined. Stir well to form an emulsion and make the sauce creamy.

This sauce can also be made with a hand blender, but using the mortar and pestle is far better for releasing the essential oils that create more intense flavour.

Photograph page 173

12. Criolla (Creole)

Ingredients

Traditional version
- 1 red sweet pepper, seeds and membrane discarded, finely diced
- 1 onion, finely diced
- 1 garlic clove, minced
- 1 tomato, diced
- 1 cup good quality red wine vinegar
- 2 cups extra virgin olive oil
- 1 tbsp. sweet paprika
- Salt and pepper

La Cabrera's version
- 1 green apple, peeled and cored, chopped
- 5 cremini (immature portobello) mushrooms, cleaned and chopped

Preparation

For the traditional version, mix the sweet pepper, onion, garlic and tomato in a bowl. Dress with the red wine vinegar, olive oil and paprika; mix together well and season with salt and pepper.

For La Cabrera's version, simply add the chopped apple and mushrooms to the traditional ingredients.

Photograph page 173

13. Pesto

Ingredients
- 1 garlic clove, peeled
- 1 pinch coarse salt
- 200 g blanched almonds
- 2 cups fresh basil
- 100 g grated Parmesan cheese
- 200 ml extra virgin olive oil
- Salt and freshly ground pepper

Preparation

Crush the garlic and coarse salt in a mortar and pestle. Add the almonds and basil and continue crushing. Finally, add the grated cheese, olive oil and salt and pepper and mix well until obtaining the desired consistency.

Photograph page 173

La Cabrera, casa de carnes. | 235

Desserts

Apple tart with frola pastry and crunchy crust
8 servings

Ingredients

For the shortcrust (frola) pastry
- 200 g softened butter (softened to room temperature)
- 120 g sugar
- Zest of ½ lemon
- ½ tbsp. vanilla extract
- 2 eggs
- 400 g pastry flour
- ½ tsp. salt
- 15 g (approx. 1 tbsp.) baking powder

For the apple filling
- 200 ml apple juice or water or white wine
- 150 g sugar
- 10 ml lemon juice
- 1 kg green or yellow apples, peeled, cored and cut into 1 cm cubes
- 50 g apricot jam
- 50 g butter
- 50 g seedless raisins
- 1 pinch cinnamon
- Icing sugar, for sprinkling, to taste
- Ice cream, on the side (optional)

- Cling film
- Tart dish 24-26 cm in diameter

Preparation

For the pastry, beat the butter with the sugar until it becomes lighter in colour. Perfume with the vanilla extract and lemon zest. Add the eggs one by one and beat until creamy.

In another mixing bowl, sift in the flour with the salt and baking powder and form a well. Add the wet mixture into the middle and mix together until it just comes together. Don't overwork the dough because the crust will become tough.

Form the dough into a square, wrap it in cling film and refrigerate for 1 hour. You can leave it for up the 3 days, or 2 months in the freezer.

This dough can also be prepared in a food processor, adding the ingredients in the same order.

For the filling, add the apple juice, sugar and lemon juice into a large saucepan or frying pan. Place on the heat until it starts to boil and add the apples, jam, butter and raisins. Cook for a few minutes, on a low heat, until the apples are tender but haven't turned mushy. Remove from the heat and add the cinnamon.

If the filling becomes very liquid, you can add a tablespoon of cornflour (cornstarch) or powdered gelatin, hydrated with two tablespoons of cold water. Cool at room temperature.

For the final assembly, roll out 2/3 of the dough and line the tart dish with it. Prick the base with a fork and fill dish with the cooled, or nearly so, apple filling.

With the third part of the dough, hand roll pieces to form small nuggets lumps and scatter them on top of the tart. Sprinkle with icing sugar.

Bake at a moderate temperature (175°C) for 40 or 50 minutes. Remove from the oven and allow to cool. Serve with ice cream, if you like.

Photograph page 191

[DESSERTS]

Crème brûlée trio
6 servings

Ingredients
- 250 ml milk
- 250 ml cream
- 1 vanilla pod, slit open lengthways
- 8 egg yolks
- 250 g white sugar
- 1 tbsp. pistachio paste
- 1 tbsp. instant coffee
- 1 tbsp. melted dark chocolate
- 100 g brown sugar

Preparation

Heat the milk and cream with the vanilla pod to infuse for 15 minutes then remove pod.

Beat the yolks with 150 g white sugar until they become lighter in colour. Add the previous mixture, still warm, and whisk. Pour mixture through a sieve (to remove any egg impurities) into the separate bowls.

Add the pistachio paste to one, the coffee to the second, and chocolate to the third, mixing the contents of each bowl well.

Divide all the creams into 6 ceramic or thermal glass ramekins, 5 or 6 centimetres in diameter (one flavour per dish).

Bake in the bain-marie (water bath) in a very low temperature (105°C) oven for between 10 and 15 minutes, or until the cream starts to take on a custard consistency, that's to say that the edges have thickened but it's still trembling in the centre. Remove from the oven and the bain-marie, and immediately place in the refrigerator so that the custard doesn't continue to cook from it's own heat.

When you're ready to serve, sprinkle a mixture of sugars (100 g of white sugar and 100 g of brown sugar) and burn with a culinary blowtorch or under a grill's heat until the sugar melts to form a crispy top.

Serve immediately.

Photograph page 186

Lemon and white chocolate curd with red berries and ice cream
6 servings

Ingredients

For the berries
- 200 ml water
- 200 g sugar
- 1 tbsp. mint leaves
- 1 tsp. green or black peppercorns
- 250 g puréed strawberries
- 200 g red berries (raspberries, strawberries, blueberries, red currants)

For the lemon and white chocolate curd
- 60 g egg yolks (3 eggs)
- 1 pinch fine salt
- 75 g sugar
- 125 ml lemon juice
- Zest from 1 lemon
- 60 g butter
- 150 g white chocolate, chopped very finely
300 ml cream

Preparation

For the red berries, bring water with the sugar to boil, mint and pepper for 2 or 3 minutes. Remove from heat and allow to cool. Strain the cooled liquid into a bowl and mix it with the puréed strawberries and red berries. Leave to macerate for 1 or 2 hours in the refrigerator.

For the lemon curd, whisk together the yolks, pinch of salt, sugar, lemon juice and zest in a heatproof bowl. Cook on the stovetop in a bain-marie until it starts to gain volume. Turn off the heat, add the butter and whisk the curd by hand until it becomes a smooth and brilliant cream.

Add the chopped white chocolate and continue to whisk until the chocolate is completely melted and the cream is smooth. Pass it through a sieve to remove any impurities. Allow to cool at room temperature.

Whip the cream to a halfway point (greater volume but still soft) and fold in the lemon cream.

Chill for 2 hours in the refrigerator before serving (you can keep it for up to 24 hours in the fridge). Serve the berries in small bowls with a generous dollop of curd and scoop of fruity ice cream or sorbet.

Photograph page 192

Dulce de leche crepes
6 servings

Ingredients
- 300 ml milk
- 2 eggs
- 50 ml cream
- 120 g flour
- 2 tbsp. corn oil
- 1 pinch fine salt
- Butter, for the frying pan, to your taste
- Dulce de leche, for the filling, as needed
- Sugar, for sprinkling, to your taste
- Vanilla ice cream and dark chocolate sauce, on the side (optional)

Preparation

For the batter, blend all the ingredients until smooth, cover with cling film and allow to rest in refrigerator for 1 hour or a maximum of 3 days.
For the crepes, heat a frying pan over medium heat and butter it. Pour in a portion of the mixture and swirl it around the frying pan to make thin pancakes. Cook for a few minutes on one side and just a few seconds on the other.
Remove the crepes and place on a plate. Spread a thin layer of dulce de leche over them and fold them into four like a handkerchief or roll them up (as in the photo).
Sprinkle sugar on top and if you like, run a culinary blowtorch over the top to caramelise them.
Serve with vanilla ice cream and dark chocolate sauce.
Another option is to heat up a tablespoon of rum over a flame, then pouring it over the pancakes.

Photograph page 194

Vanilla flan
8 servings

Ingredients
- 1 L milk
- 1 vanilla pod, slit lengthways
- 8 eggs
- 4 yolks
- 220 g sugar
- Cream whipped with a little sugar and dulce de leche, to accompany

For the caramel
- 200 g sugar
- 100 ml water

Preparation

For the caramel, add the sugar spoon by spoon into a copper saucepan, allowing it to melt and darken into a caramel colour. Heat up the water and when it starts to boil, pour over the caramel. Warning: be careful with splattering; do this step with plenty of care. Pour the caramel into a metallic or glass-baking dish or into several individual ramekins fit together in the baking dish. Set aside.
Very gently heat the milk with the vanilla pod, letting it steep for 15 minutes. Scrape out the pod seeds into the milk so they add fragrance to the flan.
Put the eggs, yolks and sugar in a bowl. Mix them together lightly so as to scramble the eggs a bit, but don't beat them. Strain the warm aromatic milk in the egg mixture. Fill the ramekins almost to the edge and place them in a baking dish and fill the half way up the ramekins with water. Bake the mixture in the bain-marie (water bath) in a warm oven (150°C) until the custard sets. To obtain a creamy consistence, make sure the water bath doesn't boil. On the other hand, if you prefer a flan with classic 'holes', over cook it by allowing the water to boil.
Remove and cool for a few hours. Twelve hours is ideal before removing from the moulds.
Serve with cream whipped with a little sugar and dulce de leche.

Photograph page 196

[DESSERTS]

Dulce de leche mousse
8 servings

Ingredients
- 5 egg yolks
- 2 eggs
- 90 g sugar
- 50 ml water, and another 70 ml water
- 14 g plain gelatin
- 300 ml cream
- 200 g frozen dulce de leche
- 2 tbsp. cognac
- Chocolate or coconut biscuits and chocolate shavings, for decoration (optional)

Preparation

Using an electric whisk, whip the yolks, eggs and a pinch of sugar until the foam is firm.
Into a small saucepan, add the rest of the sugar with 50 ml water and bring to boil to make a syrup (120ºC, if using a food thermometer).
Pour hot the syrup into the egg mix and whip continuously until it reaches room temperature (forming a type of zabaglione).
Prepare the gelatin with 70 ml of water and place in a bain-marie (water bath) until it becomes transparent or in the microwave for 20-30 seconds or until the granules dissolve.
Mix the cream with the frozen dulce de leche and cognac. Beat it to a ¾ point (not stiff) or until the whisk starts to leave firm tracks.
Fold together the zabaglione, dulce de leche mixture and the gelatin.
Serve the mousse small bowls and decorate with coconut flakes, chocolate biscuits, chocolate shavings, and, like in the photo, a marbled white chocolate cigarette.

Photograph page 198

Chocolate lava cake
6 servings

Ingredients

For the volcano body
- 6 egg yolks
- 100 g sugar
- 300 g semi-bitter chocolate, chopped
- 120 g butter, cubed
- 6 egg whites
- 40 g regular flour

For the volcano core
- 150 ml cream
- 50 ml water
- 45 g butter
- 100 g semi-bitter chocolate, chopped
- 1 tbsp. bitter cocoa

To accompany
- Custard and ice cream

- Metal baking rings, 6 cm high and 6 cm diameter

Preparation

For the molten volcano cores, add cream and the water to a saucepan and bring to a boil. Remove from heat and add the butter, chopped chocolate and the cocoa and stir into a cream. Chill and then mould small spheres 3 cm in diameter. Or, alternatively, add the slightly cooled cream into a pastry bag with a 6 mm piping tip and pipe spheres 3 cm in diameter. Freeze the spheres (cores).

For the volcano body, whip the yolks in a bowl with 100 g of sugar. Combine the sugar and butter and mix in the yolks.
Beat the whites until just stiff and fold together with the yolk mixture along with the flour.
Line the metal rings with greased parchment paper. Fill them with the batter to 1 cm from the top edge and submerge a frozen core into the body of each volcano.
Freeze the volcanoes until firm. Then, cook from frozen in a preheated oven at a moderate temperature (180ºC) for 8 minutes.
Place a baking ring on a plate, carefully remove it and, finally, remove the paper. Serve with custard and the ice cream of your choice. Serve immediately.

Photograph page 200

"In the country of cattle and great grill chefs, it's my hope La Cabrera

will be remembered as a parrilla of worship."

La Cabrera, casa de carnes. | **239**

"En el país de las vacas
y de los grandes asadores,
espero que La Cabrera sea recordada
por varias generaciones
como una parrilla de culto".